Para

com votos de paz

Projeto Manoel Philomeno de Miranda

VIVÊNCIA MEDIÚNICA

Salvador

12. ed. – 2023

COPYRIGHT © (1994)
CENTRO ESPÍRITA CAMINHO DA REDENÇÃO
Rua Jayme Vieira Lima, 104
Pau da Lima, Salvador, BA.
CEP 412350-000
SITE: https://mansaodocaminho.com.br
EDIÇÃO: 12. ed. (3ª reimpressão) – 2023
TIRAGEM: 3.000 exemplares (milheiro: 47.500)
COORDENAÇÃO EDITORIAL
Lívia Maria C. Sousa

REVISÃO
Adriano Ferreira
CAPA
Cláudio Urpia
MONTAGEM DE CAPA
Ailton Bosco
EDITORAÇÃO ELETRÔNICA
Lívia Maria C. Sousa
COEDIÇÃO E PUBLICAÇÃO
Instituto Beneficente Boa Nova

PRODUÇÃO GRÁFICA
LIVRARIA ESPÍRITA ALVORADA EDITORA – LEAL
E-mail: editora.leal@cecr.com.br

DISTRIBUIÇÃO
INSTITUTO BENEFICENTE BOA NOVA
Av. Porto Ferreira, 1031, Parque Iracema. CEP 15809-020
Catanduva-SP.
Contatos: (17) 3531-4444 | (17) 99777-7413 (WhatsApp)
E-mail: boanova@boanova.net
Vendas on-line: https://www.livrarialeal.com.br

Dados Internacionais de Catalogação na Publicação (CIP)
(Catalogação na fonte)
BIBLIOTECA JOANNA DE ÂNGELIS

N511v   NEVES, João *et al.*

        Vivência mediúnica. 12. ed. / João Neves, José Ferraz, Nilo Calazans e Geraldo Azevedo. Salvador: LEAL, 2023.
        96 p.
        ISBN: 978-85-8266-228-1

        1. Espiritismo 2. Mediunidade 3. Projeto Manoel Philomeno de Miranda I. Franco, Divaldo II. Neves, João III Calazans, Nilo IV Ferraz, José V. Azevedo, Geraldo VI. Título

        CDD: 133.93

Bibliotecária responsável: Maria Suely de Castro Martins – CRB-5/509

DIREITOS RESERVADOS: todos os direitos de reprodução, cópia, comunicação ao público e exploração econômica desta obra estão reservados, única e exclusivamente, para o Centro Espírita Caminho da Redenção. Proibida a sua reprodução parcial ou total, por qualquer meio, sem expressa autorização, nos termos da Lei 9.610/98.
Impresso no Brasil | Presita en Brazilo

SUMÁRIO

Apresentação   7

Complexidades do fenômeno mediúnico   11

1 - Conceitos   17

2 - Fenômenos   25

3 - Médiuns ostensivos   33

4 - Médiuns ignorados   37

5 - Ética   41

6 - Passividade   49

7 - Vivência   57

8 - Educação   65

9 - Exercício   71

10 - Obstáculos   77

11 - Do anímico ao mediúnico   87

APRESENTAÇÃO

Estudando a paranormalidade humana com critério e austeridade, Allan Kardec anotou, no item 159 do Capítulo XIV de O Livro dos Médiuns, que "todo aquele que sente, num grau qualquer, a influência dos Espíritos é, por esse fato, médium".

Analisando a mediunidade, o ínclito codificador esclareceu que a sua expressão orgânica não constitui privilégio, antes é uma faculdade do Espírito, cuja condução depende dos valores éticos daquele que a possui.

Desse modo, ela está presente na quase totalidade dos indivíduos e em todo lugar, desvinculada de quaisquer conquistas morais ou de outra natureza.

Sendo, no entanto, instrumento que propicia o progresso, por cujo intermédio ocorrem as demonstrações da imortalidade e todo um elenco de contribuições para a felicidade humana, a sua condução exige requisitos graves, do que resultam as bênçãos que se anelam, exercitando-a com elevação.

O perfeito conhecimento dos objetivos da mediunidade equipa o intermediário para a desincumbência do compromisso assumido antes da reencarnação, e o seu menosprezo acarreta problemas muito complexos, interferindo na existência do seu portador.

Todo instrumento deixado ao abandono sofre os efeitos danosos do descuido.

Qualquer faculdade do corpo, da mente ou da alma, relegada a plano secundário, padece a desorganização que o tempo, a falta de exercício impõem, gerando atrofia, atraso, desequilíbrio.

A mediunidade não constitui exceção.

Médiuns, conscientes ou não, foram os santos, os sábios, os artistas, os cientistas, por conseguirem sentir a presença dos Espíritos ou do pensamento superior de que se tornaram instrumentos, expressando, nas próprias vidas, nas realizações e inventos, a manifestação superior de que se fizeram objeto.

No que tange à conduta espírita, o médium é portador de abençoada instrumentalidade para autoiluminar-se, promover o progresso da Humanidade, desenvolver os valores nobres, consolar e amparar as criaturas atormentadas e sofridas de ambos os planos da vida.

Assim, o indivíduo é médium em todos os momentos da existência física, e não apenas esporadicamente, durante as reuniões experimentais de que participa.

Conforme a conduta mental e social, graças aos pensamentos e ações, atrai Espíritos com os quais se afina, passando a agasalhar-lhes os sentimentos e as ideias, que exteriorizará, às vezes sem dar-se conta.

A vivência mediúnica é, por consequência, capítulo importante no dia a dia de todo aquele em quem a faculdade se manifesta, e pretende servir ao programa do bem, na restauração ou fundação da sociedade justa e feliz da Era Nova do Espírito Imortal.

A disciplina constitui um elemento importante para que outros deveres se apresentem, favorecendo a desincumbência do ministério abraçado. Graças ao seu exercício correto, torna-se imediata a luta pela superação do egoísmo e seu séquito nefando, sempre responsáveis pelas ocorrências desditosas entre os homens.

Como antídoto a esse terrível adversário íntimo, a experiência do amor solidário e a adaptação ao sentimento de humildade real fazem-se indispensáveis para o desenvolvimento de outras virtudes, que formam o conjunto de recursos auxiliares para conseguir-se a vitória.

A vivência mediúnica saudável é consequência da conscientização do compromisso, que se adquire através do estudo da própria faculdade, da meditação acerca das suas finalidades quanto da irrestrita confiança em Deus.

A vivência mediúnica será expressa na ação dignificadora, que se constitui recurso precioso para a pacificação íntima e a felicidade.

Médiuns existem de todos os quilates e portadores das mais variadas faculdades.

Médiuns espíritas, porém, conscientes e responsáveis, são em número menor, que se entregam à vivência integral objetivando alcançar o mediunato, que é a grande meta que pretendem os Espíritos missionários no exercício da mediunidade.

Neste opúsculo, por seus autores, que têm experiência e vivência mediúnica, encontram-se estudados vários assuntos que contribuirão para o exercício correto da mediunidade, sob a óptica da Doutrina Espírita, direcionada pela moral pregada e vivida por Jesus, assim como pelos Seus primeiros discípulos, todos eles médiuns, inclusive o Senhor, que o era de Deus, vivenciando-Lhe a Mensagem.

Projeto Manoel Philomeno de Miranda

Confiando que estas breves páginas alcançarão as mentes interessadas na vivência mediúnica e os sentimentos que buscam realização íntima, rogamos ao Mestre que nos abençoe e nos guarde na Sua paz.

Salvador, 3 de novembro de 1993.
JOANNA DE ÂNGELIS

Página psicografada pelo médium Divaldo Pereira Franco, em 3.11.93, no Centro Espírita Caminho da Redenção, em Salvador, BA.

Complexidades do fenômeno mediúnico

À primeira vista, o intercâmbio seguro entre os Espíritos desencarnados e os homens parece revestir-se de muita simplicidade.

Considerando-se que, após a morte do corpo, o ser apresenta-se com todos os atributos que lhe caracterizavam a existência física, é de crer-se que o processo da comunicação mediúnica torna-se natural e rápido, fácil e simples.

Como qualquer procedimento técnico, no entanto, vários requisitos são-lhe exigíveis, o que torna a sua qualidade difícil de ser conseguida, ao mesmo tempo complexa para a sua realização.

O processo de comunicação dá-se somente através da identificação do Espírito com o médium, perispírito a perispírito, cujas propriedades de expansibilidade e sensibilidade, entre outras, permitem a captação do pensamento, das sensações e das emoções, que se transmitem de uma para outra mente através do veículo sutil.

O médium é sempre um instrumento passivo, cuja educação moral e psíquica lhe concederá recursos hábeis para um intercâmbio correto. Nesse mister, inúmeros impedimentos se apresentam durante o fenômeno, que somente o exercício prolongado e bem-dirigido consegue eliminar.

Dentre outros, vale citar as fixações mentais, os conflitos e os hábitos psicológicos do sensitivo, que ressumam do seu inconsciente e, durante o transe, assumem com vigor os controles da faculdade mediúnica, dando origem às ocorrências anímicas.

Em si mesmo, o animismo é ponte para o *mediunismo*, que a prática do intercâmbio termina por superar. Todavia, vale a pena ressaltar que no fenômeno anímico ocorrem os de natureza mediúnica, assim como nos mediúnicos sucedem aqueles de caráter anímico.

Qualquer artista, ao expressar-se, na música, sempre dependerá do instrumento de que se utilize. O som provirá do mecanismo utilizado, embora o virtuosismo proceda de quem o acione.

O fenômeno puro e absoluto ainda não existe no mundo orgânico relativo...

Os valores intelectuais e morais do médium têm preponderância na ocorrência fenomênica, porquanto serão os seus conhecimentos, atuais ou passados, que vestirão as ideias transmitidas pelos desencarnados.

Desse modo, a qualidade da comunicação mediúnica está sempre a depender dos valores evolutivos do seu intermediário.

Não há dois médiuns iguais, qual ocorre em outras áreas das atividades humanas, nas quais cada pessoa apresenta-se com os seus próprios recursos, assinalada pelas suas particulares características.

Vivência mediúnica

Quando se tratar de médium com excelentes registros e grande fidelidade ao conteúdo da mensagem recebida, eis que defrontamos alguém que repete experiências transatas, havendo sido instrumento mediúnico anteriormente.

Na variada gama das faculdades, as conquistas pessoais armazenadas contribuem para que o fenômeno ocorra com o sucesso desejado.

Seja no campo das comunicações intelectuais, seja naqueles de natureza física, o contributo do médium é relevante.

Não seja, portanto, de estranhar que um médium, psicógrafo ou psicofônico, tenha maior facilidade para o registro de mensagens de um tipo literário em vez de outro, logrando, por exemplo, admiráveis romances e deploráveis poemas, belas pinturas e más esculturas, facilidade para expressar-se em idiomas que não apenas aquele que hoje lhe é familiar, em razão de experiências vivenciadas em reencarnações anteriores.

Também há médiuns com aptidão para receber Espíritos sofredores, o que lhes deve constituir uma bênção, facilitando-lhes a aquisição de títulos de enobrecimento, pela ação caridosa que desempenhem. Não obstante, haverá, igualmente, a mesma predisposição para sintonizar com as Entidades nobres, delas haurindo e transmitindo a inspiração, a sabedoria e a paz.

A ideia, o impulso procedem sempre do Espírito desencarnado, porém o revestimento, a execução vêm dos cabedais arquivados no inconsciente do médium.

A luz do Sol ou outra qualquer, ao ser coada por uma lâmina transparente, reaparecerá no tom que lhe é conferido pelo filtro.

No fenômeno mediúnico, sucede da mesma forma.

◆

Tendo em vista que a faculdade é orgânica, os recursos da aparelhagem exercem grande influência na ocorrência do fenômeno.

Assim considerando, o exercício, que educa os impulsos e comanda a passividade, é de capital importância.

À medida que vão sendo eliminados os conflitos pessoais, mais transparentes e fiéis se farão as mensagens, caracterizando os seus autores pelo conteúdo, estilo, elaboração da ideia e, nas manifestações artísticas, pelas expressões de beleza que apresentam.

A educação mediúnica, à semelhança do desenvolvimento de qualquer aptidão, impõe tempo, paciência, perseverança, estudo, interesse.

O investimento de cuidados específicos na mediunidade será compensado pelos resultados comprovadores da sua legitimidade, como também pelos ensinamentos e consolos recebidos na sua aplicação.

◆

Faculdade neutra, do ponto de vista moral, pode o indivíduo ser portador de conduta irregular com largo campo de registro, em razão do seu pretérito, enquanto outros, moralizados, não possuem as mesmas possibilidades, o que não os deve desanimar.

A moral, no entanto, é exigível, em razão dos mecanismos de sintonia que a conduta proporciona.

Uma existência assinalada pela leviandade, por abusos de comportamento, por atitudes vulgares, atrai Espíritos igualmente irresponsáveis, perversos, perturbadores e zombeteiros.

A convivência psíquica com essas mentes e seres costuma afetar as faculdades mentais do indivíduo, que termina vitimado por lamentáveis processos de obsessão, na sua variada catalogação.

As comunicações sérias e nobres somente têm lugar por instrumentos dignos e equilibrados.

Na sua condição de instrumento e na sua postura de passividade, o médium não pode provocar determinadas comunicações, mas sim criar as condições e aguardar que ocorram.

Cabe-lhe estar vigilante para atender as chamadas que se originam no mundo espiritual, fazendo-se maleável e fiel portador da responsabilidade que lhe diz respeito.

O fenômeno mediúnico, para suceder em condições corretas, necessita de que o organismo do instrumento se encontre sem altas cargas tóxicas de qualquer natureza, porquanto as emoções em desalinho, o cansaço, as toxinas resultantes dos excessos alimentares bloqueiam os núcleos de transformação do pensamento captado nas mensagens, o que equivale a semelhantes acontecimentos em outras atividades intelectuais, artísticas e comportamentais.

Atitude física, emocional e mental saudáveis são a condição ideal para que o fenômeno mediúnico se suceda com equilíbrio e rentabilidade.

Quando acontece pela violência, sem a observância dos requisitos essenciais exigíveis, alguns dos quais aqui exarados, já que outros ainda existem e merecem estudos, estamos diante de manifestações obsessivas, de episódios mediúnicos perturbadores, nunca, porém, de fenômenos que se expressem com a condição espírita para uma **vivência mediúnica** dignificadora.

Manoel Philomeno de Miranda

Página psicografada pelo médium Divaldo Pereira Franco, em 10.11.93, no Centro Espírita Caminho da Redenção, Salvador, BA.

1
CONCEITOS

O estudo de uma faculdade de natureza biológica ou psíquica tanto mais eficiente se revela quanto maiores oportunidades tem o investigador de processá-lo ao natural, na vivência e movimentação dos indivíduos que detêm a faculdade a estudar.

E tais oportunidades, com relação à mediunidade, Allan Kardec as teve ou as criou, aproveitando-se magistralmente para compor *O Livro dos Médiuns*, do qual se extrai a admirável síntese conceptual com que ele, o codificador, abre o capítulo XIV da Segunda Parte da monumental obra:

Todo aquele que sente, num grau qualquer, a influência dos espíritos é, por esse fato, médium.

Nessa colocação, o verbo "sentir" expressa a ideia básica sobre a mediunidade: um sentido psíquico, de ordem paranormal, capaz de ampliar o alcance perceptivo do ser, conferindo-lhe uma aptidão para servir de instrumento para a comunicação dos Espíritos com os homens, estabelecendo uma ponte entre realidades vibratórias diferentes.

Avançando em seus apontamentos, o mestre lionês elucida:

Essa faculdade é inerente ao homem; não constitui, portanto, um privilégio exclusivo. Por isso mesmo, raras são as pessoas que dela não possuam alguns rudimentos. Pode, pois, dizer-se que todos são, mais ou menos, médiuns.

Esta declaração de que todos são mais ou menos médiuns sustenta a ideia de que, no tocante à intensidade ou facilidade de assimilação mediúnica, a gradação da faculdade é praticamente infinita, variando de pessoa para pessoa.

Allan Kardec prossegue na sua definição introduzindo uma ressalva:

Todavia, usualmente, assim só se classificam aqueles em quem a faculdade mediúnica se mostra bem caracterizada e se traduz por efeitos patentes, de certa intensidade, o que então depende de uma organização mais ou menos sensitiva.

A intenção do codificador, neste passo, é chamar a atenção para o particular que está contido no geral. Todos são médiuns, mas somente alguns conseguem o desiderato de forma clara e bem caracterizada, a ponto de se prestarem a uma experimentação concreta. Ele estabelece uma linha demarcatória entre os indivíduos capazes de agir no campo objetivo, expressando nitidamente a intenção e o pensamento dos Espíritos, e aqueloutros que atuam num campo preponderantemente subjetivo, expressando a contribuição espiritual de forma imprecisa, subjacente...

Há, portanto, dois níveis bem definidos de mediunidade: um, ostensivo, explícito, em que os pensamentos dos Espíritos comunicantes, apesar das influências do médium, podem sobrepor-se ao deste; e outro, discreto, velado, a manifestar-se no campo da inspiração, em que o pensamento incidente se mescla e se confunde com o do médium, diluindo-se no conjunto de suas ideias.

A confirmação desses dois grandes grupos de médiuns temos na dissertação do Espírito Channing, no capítulo XXXI, item X de *O Livro dos Médiuns*:

Todos os homens são médiuns, todos têm um Espírito que os dirige para o bem, quando sabem escutá-lo. Agora, que uns se comuniquem diretamente com ele, valendo-se de uma mediunidade especial, que outros não o escutem senão com o coração e com a inteligência, pouco importa [...].

O que caracteriza a mediunidade ostensiva é o transe, um estado alterado de consciência que determina a expansão do campo perispiritual do médium e a sua "imantação" ao do Espírito, estabelecendo-se uma comunicação direta.

Já com a mediunidade discreta ou velada, o que ocorre é uma inspiração. O médium age captando as correntes mentais do Espírito, as quais se entrelaçam com as ideias que estão no seu consciente, sendo extravasadas num conjunto indefinido e impreciso, embora experimentando certo reforço, um direcionamento no que faz ou pensa. Este é o campo de sintonia do anjo guardião através do qual a Divindade aciona as forças mediúnicas do homem, clareando suas rotas evolutivas.

Convém salientar que o aparecimento de um campo de mediunidade ostensiva em alguns médiuns não suprime neles o campo da mediunidade inspirativa, pois que se movimentam ora num, ora noutro, conforme as circunstâncias.

O aprofundamento da inspiração levaria o sensitivo para o campo da mediunidade intuitiva, uma fronteira entre a mediunidade de inspiração e a ostensiva, podendo vir a ser também uma área de convergência para onde ambas podem caminhar.

Outra inferência importante a tirar da conceituação de Kardec, com base nas suas declarações de que efeitos patentes e de certa intensidade dependem de uma organização mais ou menos sensitiva, é o caráter orgânico da mediunidade. Quando tal se afirma, não se pretende alijar do processo mediúnico o

Espírito, essência do ser, pois nele é que se encontram os impulsos e mecanismos profundos da mediunidade. Pretende-se realçar, isto sim, que o corpo físico, como máquina que é, terá que corresponder-lhe às necessidades, gerando mecanismos de expressão adequados para a sua atuação no plano das formas. Porventura não dependem, as estruturas psicobiofísicas do homem, de sua realidade espiritual? Com a mediunidade se dá o mesmo; ela é faculdade do Espírito, que se delineia em estruturas especializadas do perispírito, para emergir no campo somático onde está plantada. Imprescindível, portanto, uma organização celular compatível, a fim de que a faculdade se manifeste como fenômeno.

Um fato interessante a observar é que tais organizações, no soma e no perispírito, o próprio trabalho mediúnico as desenvolve e aprimora, podendo-se afirmar, por conta disso, que a mediunidade é evolutiva.

Imaginemos, didaticamente, que a uma pessoa, num dado momento de sua evolução, seja outorgada uma organização adequada ao exercício mediúnico ostensivo. O aproveitamento desta oportunidade, através do uso responsável e equilibrado da concessão, acabará por aperfeiçoar os seus equipamentos de registro, adequando-os ainda mais para o prosseguimento do trabalho iniciado em novas expressões, com vistas ao futuro. O mesmo raciocínio é válido para alguém que não possui mais do que rudimentos de mediunidade, pois que o viver de uma vida saudável e digna, os exercícios de autoconhecimento, a busca de Deus e dos valores essenciais do Espírito exercerão influências positivas no seu perispírito, a ponto de acenderem as luzes da mediunidade, preparando um amanhã de bênçãos.

Vivência mediúnica

Quando a ascese pelos caminhos da mediunidade se processa no âmbito das expectativas normais, respondendo espontaneamente aos estímulos da experiência evolutiva, diz-se que a mediunidade é natural. Vezes frequentes, todavia, um potencial maior de mediunidade é conferido como uma outorga, uma necessidade retificadora para compromissos negativos assumidos, ou mesmo como um mecanismo acelerador da própria evolução. Nesses casos, diz-se que a mediunidade é de provas. Algumas vezes, o tipo de vida que se levou antes da encarnação dedicada ao serviço da mediunidade – abalos emocionais intensos, pressões espirituais decorrentes de processos obsessivos, além de outros – promove as aberturas psíquicas responsáveis pelos registros mediúnicos de então. É como se a Lei Divina colocasse na dor decorrente das próprias aflições e quedas do homem o princípio qualitativo, automático, regularizador de sua evolução.

Kardec conclui a sua belíssima definição sobre os médiuns, afirmando (cap. XIV, item 159 de *O Livro dos Médiuns*):

É de notar-se, além disso, que essa faculdade não se revela, da mesma maneira, em todos. Geralmente, os médiuns têm uma aptidão especial para os fenômenos desta ou daquela ordem, donde resulta que formam tantas variedades quantas são as espécies de manifestações.

Se, como vimos, a mediunidade mostra-se variada no tocante à intensidade, ainda mais diversificada se revela sob o aspecto das formas de se apresentar, das modalidades e tipos de fenômenos que propicia. Paulo dizia: *Há diversidade de dons, mas um mesmo é o Espírito*. Ora, investido o médium de determinadas características, que lhe são inerentes, e apto para certas mediunidades, jamais conseguirá produzir outras se a sua natureza não o permitir. Assim sendo, a especificidade de cada um faz com que não existam médiuns nem mediunidades iguais.

Há uma outra distinção em mediunidade que reputamos importante: a que aparece em *O Livro dos Médiuns*, capítulo XIV, item 160, entre os médiuns involuntários e os facultativos. Embora colocada como subdivisão dos médiuns de efeitos físicos, pode-se estender o conceito a todos os médiuns. Quantas pessoas estão sendo médiuns sem o saberem?! Quantos estão criando, produzindo imperceptível e inconscientemente boas ou más obras?! Se tal inconsciência se prolonga, aumentam os riscos de manipulação e assédio dos Espíritos imperfeitos. Kardec recomenda a conquista do ascendente moral como barreira ao assédio, bem como a passagem da condição de médium involuntário para facultativo, através da conscientização. Essa é uma forma de adesão ao trabalho da vida. A mediunidade deve ser consentida, lúcida, para que produza bons frutos em prol dos famintos do carreiro evolutivo. Se a árvore (o médium) não pode ainda saber como esses frutos são gerados, pois os mecanismos profundos que põem a faculdade em ação remontam à Mente Divina, deve saber, pelo menos, que está sendo instrumento dessa produção, a fim de poder contemplar a floração, a frutescência e a colheita.

Alcançado este ponto, precisamos fazer uma ponte com a questão 459 de *O Livro dos Espíritos*:

Influem os Espíritos em nossos pensamentos e em nossos atos?

Muito mais do que imaginais. Influem a tal ponto que, de ordinário, são eles que vos dirigem.

Por trás dessa resposta vemos a mediunidade ainda incipiente, involuntária, na sua fase rudimentar, direcionada sem

Vivência mediúnica

a consciência do seu portador, conforme as circunstâncias. Se nem sempre pode o ser furtar-se a uma direção que é produto das influências que recebe, pode e deve tornar-se consciente dela, a fim de escolher a condução segura dos bons Espíritos.

Logo a seguir, na questão 461, dizem eles não ser de grande utilidade saber fazer a distinção entre os pensamentos próprios e os sugeridos. E o dizem assim porque sabem que nas fases embrionárias de mediunidade ou nos momentos de silêncio da faculdade ostensiva inexistem ou deixam de atuar engrenagens especializadas para a triagem de ideias que afloram no consciente, ficando por conta da consciência moral de cada um assimilar ou descartar as inspirações que lhe chegam.

A condição para o progresso é a consciência. Distinções quanto à procedência de pensamentos (próprios ou sugeridos), que não podiam ser feitas numa fase evolutiva, tornam-se factíveis numa seguinte, permitindo ao médium tornar-se instrumento cada vez mais consciente do progresso, deixando-se conduzir passivamente nas trilhas da experiência, em adesão plena às determinações superiores que emanam de Deus através dos Espíritos elevados.

Diante dessas colocações, vê-se quão importante se faz compreender a mediunidade. Alimentar seus mananciais com as águas fluentes e cantantes da boa vontade, a fim de que suas expressões de beleza venham à tona e viajem conosco sem se tisnarem, até alcançarmos a plenitude da redenção espiritual no mar aberto da realidade de Deus.

2
FENÔMENOS

Allan Kardec definiu o médium como *a pessoa que pode servir de intermediária entre os Espíritos e os homens*, ou seja, o indivíduo que funciona como traço de união aos desencarnados para que possam comunicar-se com os encarnados, conforme asseverou o Espírito Erasto, em *O Livro dos Médiuns*, capítulo XXII, item 236.

Compulsando essa memorável obra, vê-se que o codificador do Espiritismo também classifica como médium o encarnado que propicia a comunicação de outro encarnado, desde que este último se encontre desdobrado em relação ao seu corpo físico, comportando-se, portanto, como Espírito.

Segundo o testemunho de alguns benfeitores espirituais, que vêm enriquecendo e complementando o acervo de revelações da Doutrina Espírita, também há médiuns e mediunidades entre desencarnados, estabelecendo-se contatos entre Espíritos de esferas distintas.

O que é comum a esses três modos de se apresentar nas relações mediúnicas (desencarnado com encarnado, encarnado com encarnado e desencarnado com desencarnado) é o contato entre seres conscientes situados em planos vibratórios diferentes, apresentando como resultado a produção de fenômenos de comunicação, diretamente, através dos órgãos de expressão do médium, ou indiretamente, também através deles, para agir na matéria inanimada. Nessas relações, médium é o ser que se associa a outro da esfera mais sutil para produzir tais fenômenos, por isso mesmo chamados de mediúnicos.

Não é mediúnico, portanto, na concepção espírita, o fenômeno produzido por um ser agindo sozinho ou em associação com outro em idêntica situação vibratória, por mais excepcional que seja ou pareça esse fenômeno.

O sábio russo Alexander Aksakof, admirável estudioso dos fenômenos paranormais, no final do século XIX, escreveu a excelente obra *Animismo e Espiritismo*, na qual está inserido um conceito mais abrangente de médium que, para ele, é toda pessoa capaz de produzir fenômenos paranormais, sozinha ou com a participação de outros encarnados ou com as almas dos mortos. O termo mediúnico, na sua óptica, comportava três categorias de fenômenos:

• **Personismo** ou manifestações do inconsciente, cujo traço predominante é a adoção de um nome ou do caráter de uma personalidade diferente daquela com que o sensitivo habitualmente se apresenta, daí a classificação de intramediúnicas, por se passarem na intimidade do sensitivo. Estariam abrigados sob essa designação todos os produtos do inconsciente uma vez desaguados no consciente, as sugestões arquivadas, os processos psicológicos das camadas internas da personalidade, as lembranças de outras vidas, os arquétipos.

• **Animismo** ou manifestações psíquicas paranormais inconscientes, que transpõem os limites corporais do sensitivo, por isso chamadas extramediúnicas. Englobariam a transmissão de pensamentos (telepatia), movimentos de objetos sem contato (telecinesia), projeção de duplos (telefania) e bicorporeidade (teleplastia).

• **Espiritismo** ou manifestações provocadas por finados, agindo em associação com os elementos psíquicos homogêneos de um ser vivo.

Os fenômenos de personismo e de animismo, conforme acima classificados, são da alma humana, do Espírito encarnado. Essa origem comum fez com que, mais tarde, a vivência prática os englobasse numa só classificação, prevalecendo o termo animismo, cuja semântica vai direto à compreensão do assunto: o que se relaciona com a alma ou *anima*. O vitorioso Movimento Espírita absorveu bem o termo animismo, até porque Allan Kardec não cunhou palavra para nomear a ação isolada do sensitivo.

Já a conotação dada por Aksakof à palavra Espiritismo, no sentido de designar fenômenos produzidos com a participação dos mortos, revelou-se inconveniente e caiu em desuso, por se chocar com a acepção anteriormente proposta, pelo professor Rivail, para representar a Doutrina dos Espíritos ou o conjunto de princípios que estabelecem as relações do mundo material com os seres do mundo invisível e suas implicações filosóficas, científicas, morais e religiosas.

Uma das questões difíceis da experiência prática é a distinção entre os fenômenos mediúnicos e os anímicos. Aksakof declara na introdução do livro *Animismo e Espiritismo* que os fenômenos de Espiritismo (mediúnicos, na classificação de Kardec) *são semelhantes aos de Personismo e de Animismo e não se distinguem deles a não ser pelo conteúdo intelectual que trai uma personalidade independente.*

Assim sendo, a condição *sine qua non* para se classificar um fenômeno como mediúnico é a constatação evidente da ação inteligente de um ser invisível como agente do fenômeno. Essa constatação nem sempre é detectada de pronto, porque o agente espiritual, quando existente, não raro se sente impossibilitado de se revelar. Esta tem sido a grande luta dos Espíritos superiores que presidem a hercúlea tarefa de restabelecer a verdade imortalista na cultura materialista da Terra: revelarem-se, quanto possível, de forma clara e independente em relação aos médiuns, aos assistentes e pessoas interessadas no fenômeno que produzem, de modo a encurralarem a negação materialista – apoiada em teses estapafúrdias e raciocínios mirabolantes – e forçarem-na à capitulação.

Ainda no dizer de Aksakof, um dos erros dos partidários do Espiritismo foi terem atribuído todos os fenômenos aos Espíritos desencarnados. Se isso houve, ou se ainda há, fica por conta do desconhecimento dos ensinamentos dos Espíritos superiores quanto às manifestações dos próprios sensitivos, tanto as físicas – reportadas por S. Luís em *O Livro dos Médiuns*, cap. IV, item 74, questão XX, quando tratou das pessoas elétricas que tiram de si mesmas o fluido necessário à produção dos fenômenos – quanto as intelectuais, explicadas no cap. XIX, item 223, 2ª questão, como possíveis de serem produzidas pelos Espíritos dos próprios médiuns.

As indagações de como e por que surge, nas estruturas profundas do ser, a paranormalidade, anímica ou mediúnica, ainda não foram respondidas. Especula-se que ela se dá a partir dos estados em que a essência espiritual, o Eu profundo, desvencilhando-se de suas limitações físicas e orgânicas, mais livre e potencialmente mais ativo, adquire condições para penetrar num manancial de conhecimentos mais elevados, perceber fora dos limites estreitos do tempo e do espaço, descer ao porão do inconsciente para desbloquear vivências armazenadas, ou ainda atuar com a energia superior da consciência nas estruturas congeladas da matéria.

Outra questão importante a pesquisar e compreender são as interfaces entre um tipo de fenômeno e outro, ou seja, o anímico desencadeando o mediúnico, e vice-versa. É perfeitamente compreensível que tais influências existam, pelo fato de serem extremamente difíceis os atos de pura independência no Universo, em que tudo se entrelaça e interage, promovendo associações e sínteses sempre renovadas. Há quem afirme, por conta disso, que não há fenômeno anímico puro, nem mediúnico isento de traços anímicos, pois que ambos se encontram sempre mais ou menos associados.

A gama dos fenômenos paranormais começaria por aqueles em que o ser tão somente expressa esta liberdade do Espírito sendo mais ele mesmo, indo mais profundamente ao acervo de suas experiências. Numa escala crescente de independência espiritual teríamos a dupla vista – a visão do Espírito transpondo os limites do corpo em vigília –, os sonhos – vivências fora do corpo, mais ou menos lúcidas, a depender das experiências de autocontrole capazes de anular os reflexos das atividades biológicas e as fixações mentais da vida de vigília –, o sonambulismo – atividade do corpo como instrumento passivo da alma livre – e, por fim, os estados mais dinâmicos do êxtase, que é um sonambulismo mais apurado.

Ainda no contexto dos fenômenos relacionados com a emancipação da alma, incluir-se-iam as experiências de desdobramento ou projeções perispirituais, com ou sem materialização, como demonstrações inequívocas da sutileza da vida e da existência de uma realidade independente do corpo físico e do cérebro. E alcançaríamos, por fim, as notáveis e inexplicáveis (por enquanto) ocorrências de clarividência, que trazem de volta o passado ou antecipam o futuro, como se tempo e espaço não passassem de um eterno presente.

Outra ordem de fenômenos se relaciona com a capacidade de agir nas estruturas moleculares dos planos físico e astral para criar fenômenos objetivos de ruídos, transportes, interpenetração de corpos, ou mesmo as aglutinações fluídicas ou materiais, em sínteses cocriativas de objetos surgidos aparentemente do nada.

Destacar-se-ia, nesse contexto de fenômenos admiráveis, a transmissão de pensamentos entre vivos, vencendo toda e qualquer barreira material, para fecharmos o nosso leque de opções com as fascinantes experiências telepáticas, ectoplásmicas e de transcomunicação instrumental, onde brilha exuberante a mediunidade, comprovando a sobrevivência do ser à disjunção celular.

Todos esses fenômenos podem ser classificados em dois grandes grupos: os objetivos ou físicos; e os subjetivos ou de efeitos inteligentes, ambos com finalidades específicas no grande concerto da Criação Divina e, portanto, supervisionados pelas grandes inteligências que vibram em harmonia com as Leis Cósmicas.

Nos fenômenos de natureza física, a participação dos desencarnados pode dar-se velada ou ostensivamente, a depender das circunstâncias e dos interesses espirituais envolvidos. Quando é um encarnado que os produz, agindo por si mesmo, em verdade não age fora dos interesses da vida e, via de regra, os Espíritos supervisionam o desdobramento das ocorrências, muitas vezes inspirando o operador para que perceba ou situe o momento próprio de sua ação. De outras vezes, embora apto para produzi-los sozinho, não pode evitar que os Espíritos envolvidos nos mesmos interesses e nas mesmas necessidades evolutivas sejam atraídos para a conjunção mediúnica, estabelecendo-se a cooperação direta.

Quanto aos fenômenos de ordem intelectual, esses, por tocarem mais de perto a problemática das transformações morais da sociedade, quase sempre despertam o interesse dos Espíritos superiores, que fazem questão de se revelar quanto podem, através deles, a fim de que os homens se deem conta da imortalidade da alma e de que há um processo histórico entrelaçando as humanidades da Terra e da Erraticidade na condução dos destinos do gênero humano. Por isso, o paranormal anímico, capaz de produzir por si só fenômenos dessa ordem, dificilmente deixará de produzi-los mediunicamente, a menos que bloqueios psicológicos impeçam ou dificultem a conjugação medianímica.

Por essas e outras razões, podemos dizer que este é um mundo, um Universo mediúnico, onde a cooperação e as influências recíprocas constituem lei.

Importa compreender que estes dois aspectos da paranormalidade, o anímico e o mediúnico, são estágios de um mesmo processo. Ambos são pontes lançadas pelo ser para ligar realidades energéticas diversas, de modo a integrá-las na unidade cósmica da Criação.

No fenômeno anímico, a alma se colocaria como *médium* de si mesma, possibilitando o surgimento de um psiquismo de profundidade num psiquismo de superfície. Nesse processo, fechado sobre si mesmo, da mesma forma que ocorre um animismo de catarse, drenando reminiscências traumáticas do inconsciente para o consciente, também pode ocorrer animismo criativo, superior, em que o ser se deixa permear pelas energias puras do Eu profundo, a fim de transferir expressões mais nobres da individualidade para a personalidade transitória, iluminando-a.

O crescimento anímico do ser avivará e multiplicará as possibilidades da mediunidade, reconduzindo-a para um campo de intuição pura, semelhante àquele em que ela nasceu, nas eras mais primitivas do homem, ainda brutalizado e irresponsável, portanto, inocente. Será, contudo, um campo de intuições mais altas e criativas, fechando um ciclo de evolução. Esse ápice será, em verdade, uma síntese anímica-mediúnica em que o homem se envolverá com a realidade profunda da Essência Divina e se iluminará para exercer a mediunidade gloriosa da ação transformadora.

É nesse sentido que entenderemos a mediunidade de Jesus – *Eu e o Pai somos um* – como médium de Deus, plenamente ligado à Sua realidade profunda, cósmica, expressão manifestada do Criador, para se revelar de forma integral entre os homens da retaguarda evolutiva.

3
MÉDIUNS OSTENSIVOS

Surgem em número sempre crescente no meio social da atualidade, por diversos motivos a serem considerados: alguns desenvolveram naturalmente o potencial mediúnico de que são portadores, nos longos caminhos da estrada evolutiva; outros estão inseridos no capítulo das provas, desfrutando a faculdade como oportunidade redentora. Uns e outros estão sendo convidados a transformar seus mandatos em missões, bastando que se dediquem com responsabilidade e sacrifício.

Todos eles se comprometeram com a própria consciência para resgate de faltas ou abertura de novos roteiros evolutivos.

Antes de reencarnarem, na fase preparatória que experimentaram no Mundo Espiritual, tiveram perispírito e corpo físico planejados pelos técnicos em reencarnação no sentido de se lhes ajustarem as estruturas, para que, no momento próprio, eclodissem ou se ampliassem as percepções extrafísicas, iniciando-se a tarefa de intercâmbio espiritual. Foram adestrados para o trabalho que ora desempenham, receberam instruções, apropriaram-se das ferramentas de que necessitam para se reajustarem com a vida.

Esses médiuns, segundo a explicação de Erasto (*O Livro dos Médiuns*, capítulo XXII, item 236), possuem afinidade especial e ao mesmo tempo uma força de expansão particular que lhes suprimem toda a refratariedade material, o que facilita as comunicações. São indivíduos mais vibráteis, que apresentam campo magnético mais pronunciado e maior facilidade de desligamento do arcabouço material, resultando daí maior sensibilidade e capacidade de sintonia com vibrações mais sutis do Mundo Espiritual.

Precisam estar conscientes de que a faculdade lhes é conferida para crescerem moralmente e se colocarem a serviço dos Espíritos, dos quais devem tornar-se intérpretes, concorrendo para o grande trabalho da transformação moral que gradualmente se opera no orbe.

Atentarão para a importância do serviço que podem prestar, que guarda proporção com a boa direção que imprimem às suas faculdades – conforme anotado em *O Evangelho segundo o Espiritismo*, capítulo XVIII, item 12, onde Kardec propôs a seguinte advertência: *Os médiuns que obtêm boas comunicações ainda mais censuráveis são, se persistem no mal, porque muitas vezes escrevem sua própria condenação e porque, se não os cegasse o orgulho, reconheceriam que a eles é que se dirigem os Espíritos. Mas, em vez de tomarem para si as lições que escrevem, ou que leem escritas por outros, têm por única preocupação aplicá-las aos demais, confirmando assim estas palavras de Jesus:* **Vedes um argueiro no olho do vosso próximo e não vedes a trave que está no vosso.** Assim sendo, *os que enveredam pelo mau caminho são mais nocivos do que úteis à causa do Espiritismo* (cap. XXVIII, item 9).

Haverão de compreender, no momento devido, que muitas de suas vítimas, comparsas de antigas aventuras ou afetos que ficaram para trás, retidos nas telas da ignorância ou da insensatez, foram programados para receber os benefícios espirituais através de suas faculdades, que se lhes oferecerão como bálsamo e alento de esperança para as dores que experimentam.

Liberados desse campo de compromissos pessoais, deverão avançar numa entrega de si mesmos por amor, aprendendo a ceder para que outros desconhecidos náufragos possam ancorar nas praias amenas de suas faculdades asserenadas pela oração e pelos exercícios de caridade.

Demonstrando a imortalidade da alma, serão quais lunetas de grande alcance, proporcionando que se enxergue a alma imortal através das sombras da matéria perecível.

Estão sendo convocados a trazer de volta os aparentemente tragados pela voragem da morte, ensejando aos que ficaram e a esses que partiram, o lenir da saudade e a renovação da fé no futuro.

Descerrarão os panoramas da fase futura da vida, proporcionando uma antevisão do amanhã espiritual de cada um, baseada em testemunhos equivalentes daqueles que demandaram a vida livre.

Serão pontes de consolo para que a doçura dos bons Espíritos luarize as aflições dos que precisam de consolação e esperança para viver.

Jamais deverão esquecer de que, na Terra, serão o trigo plantado junto ao joio, nas mesmas leiras, crescendo juntos, sem possibilidade por enquanto de viverem separados. Ambos serão arrancados para a colheita, e nessa ocasião o joio será queimado para adubar o solo, e eles, trigo que são, transformados em pão nutriente para os famintos, vivendo através deles.

4
MÉDIUNS IGNORADOS

Muito já se escreveu sobre os médiuns ostensivos, em face do interesse crescente pela fenomenologia psíquica, hoje, como sempre, contundente e palpável, desveladora inquestionável da Vida imortal e de suas estreitas relações com a vida dos homens.

E os médiuns de pouca ou nenhuma expressão do ponto de vista fenomênico, aqueles cuja atuação mediúnica se entrelaça de modo quase imperceptível com os atos comuns da vida, como ajudá-los a reconhecer os seus dons e fazê-los produzir para o bem da Humanidade?

A primeira consideração importante a fazer diz respeito ao aspecto quantitativo, pois se trata de quase toda a Humanidade. É uma massa crítica formidável de encarnados que precisa ser movimentada, tocada, de modo a canalizar essas energias mediúnicas num direcionamento positivo, capaz de tirá-los desse aturdimento hipnótico que os tem anestesiado vigorosamente, conservando-os indiferentes aos apelos de crescimento e de renovação íntima.

Em *O Livro dos Espíritos*, questão 495, São Luís e Santo Agostinho esclarecem-nos que o campo de sintonia ideal dessa mediunidade nossa de cada dia, o nosso pão espiritual, é o contato com os nossos anjos guardiães, no cotidiano da vida. Falando-nos desses Numes tutelares, instruíram-nos eles que não receássemos cansá-los com as perguntas que julgássemos necessárias, mas que, ao contrário, estivéssemos sempre em relação com eles para sermos mais fortes ao assédio do mal e dos maus, consequentemente mais felizes.

Textualmente esclarecem o caráter mediúnico desse contato ao afirmarem: *São essas comunicações de cada um com o seu Espírito familiar que fazem sejam médiuns todos os homens, médiuns ignorados hoje, mas que se manifestarão mais tarde e se espalharão qual oceano sem margens, levando de roldão a incredulidade e a ignorância.*

Dizem os amigos espirituais que esses médiuns comuns, que constituem a imensa multidão dos homens da Terra, manifestar-se-ão mais tarde, porque até então essa luz, que é a mediunidade, neles permanece apagada, adormecida, dando margem ao processo obsessivo através do qual os Espíritos imperfeitos retardam a marcha do progresso.

Precisamos fazer chegar aos ouvidos de toda gente que ninguém está só, que existe um coração amigo velando por nós, o anjo bom que, por amor e graças ao amor de Deus, protege-nos e nos instrui. No dizer de Santo Agostinho e de São Luís, nem nos cárceres, nem nos hospitais, nem nos lugares de devassidão, nem na solidão estamos separados desses amigos a quem não podemos ver, mas cujo brando influxo nossa alma sente, ao mesmo tempo que ouve os seus ponderados conselhos.

Quando todos estivermos adestrados para escutar a voz suave de sua inspiração, existirá um referencial comum a guiar os nossos passos e a abrandar as nossas divergências, um foco de convergência de onde emanará o sentido de organização social do mundo, anulando a violência de nossas paixões.

Expliquemos às pessoas como e por que todos somos médiuns. Desfraldemos a bandeira do Espiritismo, esse sol abençoado e libertador, escoimando-o, na prática, de tudo o que signifique beligerância, competição e isolamento, a fim de que mais rapidamente tenhamos a nossa Jerusalém Libertada, ou seja, a nossa morada planetária livre da obsessão coletiva que abastarda o homem e engendra toda a corrupção, a guerra, o desrespeito às coisas santas, a devassidão e o crime, em suma, toda a miséria moral e social – essa como consequência daquela.

Acordar essa mediunidade coletiva é tarefa urgente. Fazer a Terra arder sob os archotes da fé, para que todos os espaços do mundo sejam conquistados para Jesus, o Divino Governador, é a palavra de ordem.

Oh! Mediunidade bendita! Antes estigmatizada pela ignorância, agora emerges vitoriosa das brumas, porque sempre estiveste acesa desde o começo, guiando a trajetória do homem.

5
ÉTICA

Numa abordagem muito simples, poderíamos conceituar a Ética como um conjunto de procedimentos que dispõem sobre os deveres do indivíduo para com Deus e a sociedade, sustentados na opção consciente pelo bem.[1]

Os Espíritos superiores propuseram, através de Allan Kardec, em *O Livro dos Espíritos*, questão 630, que *o bem é tudo o que é conforme a Lei de Deus, e o mal, o que lhe é contrário*. A Ética, portanto, está relacionada com a compreensão dessa lei, que varia de pessoa para pessoa ou de grupo para grupo, conforme o estágio evolutivo de cada um.

Imprescindíveis, a fim de que o indivíduo se lance à frente no esforço de galgar novos patamares de evolução, certos parâmetros ou modelos, que funcionam no bojo da Lei como um princípio geral de cooperação, determinando que os da dianteira auxiliem os da retaguarda. É sob esses estímulos produzidos pelos vanguardeiros do progresso, en-

---

1. Ética: estudo dos juízos de apreciação que se referem à conduta humana, susceptível de qualificação do ponto de vista do bem e do mal, seja relativamente a determinada sociedade, seja de modo absoluto – Novo Dicionário Aurélio (nota da Editora).

carnados ou desencarnados, que se estabelece a ética social de cada fase de crescimento do ser humano, sinalizando roteiros, acendendo claridades, na condição de uma frente norteadora do progresso das sociedades organizadas.

Historicamente, a mediunidade está tão intimamente ligada à vida religiosa, que os Espíritos elevados, e especialmente Jesus, traçaram preciosos roteiros para que os indivíduos a ela chamados pudessem exercê-la com segurança. E nenhum conceito define melhor a postura ética ideal do médium ante a mediunidade do que a simplicidade da orientação contida em *O Evangelho segundo o Espiritismo*, capítulo XXVI, item 10: *A mediunidade é coisa santa, que deve ser praticada santamente...*

A estratégia básica para que se alcance esse resultado é a gratuidade absoluta de seu exercício. Neste particular, o preceito evangélico "dai de graça o que de graça recebestes" é específico para a prática mediúnica, porque proposto por Jesus exatamente quando traçava para os discípulos recomendações referentes às lides de intercâmbio espiritual a que se deveriam vincular no ministério fraternal socorrista, conforme Mateus, 10:8 – *Curai enfermos, ressuscitai mortos, purificai leprosos, expeli demônios; de graça recebestes, de graça dai.*

O Evangelho segundo o Espiritismo, no capítulo XXVI, já citado, justifica com lógica esse assunto ao argumentar que, não sendo a mediunidade produto de um ensino, de uma ciência, nem o médium responsável direto pelas comunicações a que dá campo, mas os Espíritos, não pode ele cobrar pelo que apenas transita por seu intermédio. Devemos entender essa gratuidade não apenas no sentido literal, direto, de receber uma contrapartida em dinheiro, mas no sentido amplo de toda e qualquer retribuição, por mais discreta que seja. O

Vivência mediúnica

trabalho do médium é o do absoluto e total desinteresse, o que, aliás, representa o meio seguro de preservar-lhe a autonomia e a consciência para que atenda integralmente o programa traçado pelo Alto para a sua vida. O permitir-se uma vivência fora dessas linhas de equilíbrio projeta-o inevitavelmente na simonia, uma das mais graves agressões à consciência, porque atitude discriminatória e separatista.

Há de se ter cuidado com os presentes, homenagens e favores, festas e comemorações a pretextos injustificáveis, bem como os atendimentos privilegiados a pessoas de destaque social ou não, que por vergonha ou preconceito escusam-se a frequentar o Centro Espírita. Não se pretende negar ao médium o direito à vida íntima, familiar, ou à eleição de afetos. Muito pelo contrário, o que se pretende é vê-lo desamarrado de convencionalismos e exigências sociais descabidas para que, em liberdade, usufrua o convívio de suas legítimas amizades. Não há como negar que o melhor para si é viver com intensidade os deveres de sua prova ou missão, com independência, construindo assim, naturalmente, antídotos vigorosos contra a bajulação e a inépcia. No fazer o bem e cumprir fielmente os ditames da caridade, ele encontrará os verdadeiros irmãos, aqueles que fazem a vontade do Pai, reproduzindo aqui, respeitadas as distâncias, a experiência de Jesus quando redarguiu, ensinando: *Quem são minha mãe e meus irmãos senão os que fazem a vontade de meu Pai?*

Cabem comentários equivalentes para o exibicionismo que, no nosso entender, é uma forma de cobrança emocional que o médium faz a seu público, de modo a alimentar sua vaidade, colocando-se voluntariamente na mira dos aplausos, a recolher louvaminhas, encômios e outras expressões do convencionalismo hipócrita, perfeitamente dispensáveis.

Periodicamente, perdem-se belas mediunidades e outras são atrofiadas pelas conspirações do *ego*, que fragilizam os seus portadores, deixando-os expostos ao fascínio das facilidades sociais e vulneráveis aos acenos vigorosos das estruturas de poder do século.

Não se pode conceber médium fora das lides da caridade, descomprometido com as necessidades de sua época, mas sim junto aos sofredores, enxugando lágrimas, apontando rumos, tornando-se cireneu para os que caminham ao peso da cruz das próprias expiações e provas. O médium é o porta-voz da esperança, é um como filamento de lâmpada que deve incandescer-se sob o influxo da energia divina para que a luz rompa as trevas, ainda que nesse mister se imole, experimentando, porém, a alegria da doação.

Ele está em perigo quando consente no anúncio antecipado de fenômeno (sem consulta prévia aos Espíritos), como se estes estivessem à sua disposição para produzi-los. Dois caminhos, ou descaminhos, abrem-se ante essa atitude: vincular-se a Espíritos moralmente equivalentes a si mesmo e que se ajustam a esta dupla condição de conduzir e ser conduzido, este o primeiro; e produzir de si mesmo sob o impulso automático a que se acostumou pelo próprio exercício mediúnico, o segundo. É diferente a posição do intermediário que, em se oferecendo para uma produção de serviço regular (diária, hebdomadária etc.), a ela se entrega com disciplina e confiança. No dizer de Joanna de Ângelis, *médium esclarecido e educado deixa de ser homem-fenômeno para ressaltar o fenômeno de sua transformação moral e crescimento espiritual.*

Vem ao encontro dessa questão a compreensão que o médium deve conquistar da conveniência ou não de sua ação, a cada momento, para discernir quando, para quem e de que modo deve doar-se. O preceito de Jesus "não atireis pérolas aos porcos" tem aplicação útil neste caso. Que não saia indiscriminadamente a dar passes, oferecer orientações sem o respeito devido às conveniências, barateando a Mensagem, antes de examinar a maturidade dos que lhe reclamam o concurso. Não seria demais lembrar o caráter universalista da Doutrina, consoante a colocação dos bons Espíritos de que o objetivo da mediunidade não é a correção de uma ou duas pessoas, mas da Humanidade (*O Livro dos Médiuns*, capítulo XX, item 226, 5ª questão).

Uma questão não menos importante em mediunidade é a discrição. São inúmeros os testemunhos, depoimentos e episódios vivos, que chegam aos ouvidos dos lidadores da prática mediúnica, a merecerem uma palavra fraterna ou simplesmente alguém que os escute com interesse de irmão, mantendo a reserva necessária.

Quantas vezes não se tem levado às fontes da vulgaridade, através de comentários descuidados, certas experiências que a mediunidade produz, como se fossem estórias para divertir ou alimento para a conversação trivial das rodas sociais?

Esse rico conteúdo vivencial que brota do fato mediúnico, autêntico e sério, destina-se à nossa instrução. É para ser guardado no sacrário do coração e jamais exposto publicamente para que viaje de boca em boca sustentando a curiosidade descomprometida.

Allan Kardec estabeleceu, como uma das condições essenciais para assegurar a qualidade das reuniões de intercâmbio mediúnico espiritual, a exclusão de tudo o que apenas exprimisse o desejo de satisfação da bisbilhotice (*O Livro dos Médiuns*, cap. XXIX, item 341). Ora, precisamos refletir que a morte da frivolidade no participante de um labor mediúnico só se completará quando ele for capaz de aliar o comportamento de dentro da reunião com o de fora, abolindo o espírito de curiosidade em si próprio e não alimentando o dos estranhos.

Extremamente prejudicial o desejo incontrolado de identificar os comunicantes, pois, não raro, esses Espíritos precisam da cobertura do anonimato para exporem seus conflitos sem se violentarem sob o impacto da vergonha. Também, Espíritos bons que nos acompanham, evitam, às vezes, as identificações, para não desatrelarem emoções perturbadoras, passíveis de nos precipitarem no desequilíbrio.

Somente finalidades nobres, quais o estudo e a pesquisa responsáveis, podem justificar instâncias voltadas para a identificação dos comunicantes. Quando tal se evidencia, os mentores espirituais avalizam-nas conforme as finalidades da tarefa e a confiança que depositam no pesquisador e na equipe que ele dirige.

O mais notável de todos os exemplos nesse sentido é o do codificador do Espiritismo, que se fez arauto do Espírito Verdade para desvelar ao mundo, em nome de Deus, os quadros vivos da existência espiritual, como alguém que penetra o organismo da vida com uma luneta de grande alcance para definir imagens dessa realidade paralela que é o mundo das causas. Os seus entrevistados foram estetas, Espíritos da craveira comum, criminosos e suicidas, recém-desencarnados ou antigos viajores do caminho da morte. Em nenhum deles, o desagrado por estar sendo identificado; ao contrário, as expressões gratulatórias ante a riqueza dos benefícios auferidos, em face da superior cobertura dos Espíritos nobres que supervisionaram o trabalho da Codificação, os quais acenaram para esses necessitados um futuro melhor, mais harmonizado e feliz.

Mediunidade! Procuremos vivê-la em consonância com as propostas exaradas por Kardec ao traçar o perfil dos bons médiuns. Assim procedendo, estaremos nos abrigando sob o teto da seriedade para avançar com **modéstia** até atingir o espaço mais amplo do **devotamento** e nos revestirmos de **segurança** para atuar com os Espíritos bons e superiores no grande projeto de regeneração da Humanidade.

6
PASSIVIDADE

As forças atuantes na comunicação mediúnica estão contidas na corrente mental que se forma na direção dos centros cerebrais, e a energia do pensamento é canalizada para os plexos nervosos e órgãos sensoriais, onde é transformada em mensagem falada ou grafada, percepção auditiva ou visual.

A energia utilizada pelo Espírito na emissão da ideia resulta da combinação das forças do pensamento e do sentimento colocadas em ação pela vontade, entendendo-se ideia como imagem mental de coisa concreta ou abstrata.

O pensamento, como força mental, é, em si, neutro com relação a valores éticos-morais, ao contrário do sentimento. Já o pensamento, entendido como o ato de pensar, é a operação mental que consiste em formar ideias e estabelecer relação entre elas sob o controle da vontade.

É por intermédio de ideias e símbolos que o pensamento se expressa como linguagem do Espírito. A força do sentimento dá forma e tonalidade ao pensamento no processo de concretização da linguagem.

Esses esclarecimentos são necessários para facilitar o entendimento quanto aos mecanismos do fenômeno mediúnico, em relação às forças atuantes, numa triangulação energética da qual participam as mentes do desencarnado e do encarnado, cujos conteúdos se misturam para fazer surgir as mensagens, em decorrência da filtragem do medianeiro.

O processo da comunicação mediúnica ostensiva tem início a partir do transe, quando ocorre a emancipação da alma humana, permitindo ao corpo fluídico ou perispírito do médium expandir-se, possibilitando ao Espírito viver, por um instante, sua vida parcialmente livre e independente.

Para atingir o transe mediúnico, o sensitivo deve concentrar-se, a fim de que esse ato mental ativo, mediante o qual centraliza a mente sobre dado ponto de interesse, com a ideia deliberada de obter determinado efeito, atingindo o resultado desejado.

Tão logo sinta, o médium, a sensação de afastamento do corpo físico, deve mudar a postura mental para um estado receptivo e atento, diminuindo o fluxo de pensamento para ensejar que as ideias do comunicante penetrem nos registros fisiopsíquicos, numa expectativa serena, sem ansiedade ou tensões para a concretização da passividade. Uma boa imagem para fixar a compreensão desse mecanismo é comparar a mente do médium à superfície de um lago. Se essa lâmina d'água estiver parada, tranquila, toda e qualquer imagem nela projetada se refletirá com nitidez; ao contrário, estando agitada, as imagens se reproduzirão distorcidas, podendo desaparecer por completo quando as perturbações forem excessivas.

Outra condição básica para uma boa passividade é um estado íntimo de confiança, capaz de suprimir qualquer dúvida com relação ao intento a alcançar. O Espírito André Luiz, na obra *Nos domínios da mediunidade*, capítulo VI, afirma que um médium, em pleno exercício mediúnico consciente, ao emitir um pensamento de dúvida, de pronto romperia a corrente mediúnica e expulsaria o Espírito comunicante, perdendo excelente oportunidade de serviço.

Reforçando suas palavras, o mesmo autor, em *Mecanismos da mediunidade*, capítulo VII, compara o ato mediúnico a um circuito elétrico, em que o pensamento do médium é o interruptor que liga e desliga a corrente. Ele propõe: pensamento constante de aceitação ou adesão – interruptor ligado, fechando o circuito, propiciando a utilização da energia. Falta de adesão, desinteresse ou distrações – interruptor desligado, abrindo o circuito e interrompendo o trabalho.

Ainda não faz ideia, a maioria dos encarnados, sobre a complexidade de circuitos eletrônicos envolvidos no processo de intercâmbio espiritual. Certamente haverá órgãos especializados na recepção e decodificação das ondas-pensamento, outros para a transformação destas em impulsos energéticos vitais, alguns para a transmissão aos centros de comando do sentido físico e órgãos correspondentes que o médium automatizou para exteriorizar a mensagem decodificada.

Simultaneamente, podemos afirmar que, sem a intermediação do perispírito com suas propriedades específicas, não seria possível a ocorrência de nenhum fenômeno mediúnico. É com o concurso desse mediador plástico que o comunicante faz o médium falar, escrever, pintar, etc. O conhecimento de suas propriedades é de vital importância para quantos desejam exercitar a mediunidade, colocando-a a serviço dos ideais enobrecedores. Penetrabilidade, elasticidade, fluidez, materialização, depósito das memórias passadas, entre outras, oferecem compreensão e recursos para melhor movimentação e entendimento dos mecanismos da comunicação mediúnica.

O Espírito Manoel Philomeno de Miranda, através de mensagem psicografada por Divaldo Franco, da qual tomamos por empréstimo alguns trechos elucidativos, descreve com extraordinária clareza as diversas fases do mecanismo do fenômeno mediúnico:

Para o desiderato, o perispírito do encarnado exterioriza-se em um campo mais amplo, captando as vibrações do ser que se lhe acerca, por sua vez igualmente ampliado, graças a cuja sutileza interpenetram-se, transmitindo reciprocamente os seus conteúdos de energia...

A fixação da mente, através da concentração, proporciona dilatação do campo perispirítico e mudança de vibração, que varia das grosseiras às mais sutis, a depender, igualmente, do comportamento moral do indivíduo.

O pensamento é o agente das reações psíquicas e físicas, sem o que os automatismos desordenados levam aos desequilíbrios e aos fenômenos mediúnicos perturbadores, que respondem pelas obsessões.

Quando, nas comunicações, os teores são diferentes, a fim de produzir-se a afinidade, o médium educado sintoniza com o psiquismo irradiante daquele que se vai comunicar, e se este é portador de altas cargas deletérias [...], o hospedeiro permite-se delas impregnar até envolver-se no campo propiciador [...], cedendo as funções intelectuais e orgânicas à influência do ser espiritual que passa a comandá-lo, embora sob a vigilância em Espírito...

Quando se trata de Entidade portadora de elevadas vibrações, mais sutis que as habituais do médium, este, pelas ações nobres a que se entrega, pela oração e concentração libera-se das cargas mais grosseiras e sutiliza a própria irradiação, enquanto o benfeitor, igualmente concentrado, condensa pela ação da vontade e do pensamento [...], até o ponto de sintonia, proporcionando o fenômeno de qualidade ideal...

Em casos especiais, nos quais seres muito elevados ou grotescos vêm comunicar-se, os mentores, que mais facilmente manipulam as energias, tornam-se os intermediários que filtram as ideias e canalizam-nas em teor mais consentâneo com o campo do sensitivo...

Na questão do automatismo e do grau de consciência durante o transe, percebem-se três níveis: o consciente, o semiconsciente e o inconsciente ou sonambúlico. Kardec, referindo-se especificamente à psicografia – faculdade a que deu ênfase especial no seu trabalho –, propõe igualmente esses três níveis, aos quais ele denominou:

• *Mecânico* – a impulsão nervosa para a transmissão da mensagem é de todo independente da vontade do médium, que, além disso, não tem registro na memória física do que acaba de produzir. Neste caso, o medianeiro está em estado sonambúlico.

• *Semimecânico* – a impulsão nervosa se mantém involuntária, com a diferença de que fica registro, na memória física, do teor da mensagem produzida, conquanto, às vezes, fugidias, evanescentes, não muito detalhadas, como aqueles sonhos que lembramos ao acordar e esquecemos logo após.

• *Intuitivo* – não existe impulsão externa ou estranha para falar, escrever etc., sendo o médium quem delibera produzi-la no momento que registra mentalmente a ideia que lhe visita, da qual conserva a lembrança nítida, no final.

É conveniente que os médiuns não se esforcem por reter as memórias do que produzem mediunicamente, a fim de automatizarem o mais que possam a doação de que se fazem instrumentos.

A profundidade do transe guarda relação com o grau de independência da alma em relação ao corpo físico, independência essa que pode traduzir afastamento espacial mas, sobretudo, afastamento vibratório – fechando "janelas" para o mundo físico e abrindo outras para os planos invisíveis.

André Luiz [Espírito], em *Nos domínios da mediunidade*, estuda o transe da psicofonia consciente (cap. VI) e o da psicofonia inconsciente ou sonambúlica (cap. VIII), estabelecendo valiosas comparações entre ambas. Identifica na psicofonia consciente o que ele chama de corrente nervosa, ligando o cérebro do médium, desdobrado ali próximo, ao cérebro perispiritual do comunicante, através do qual os pensamentos deste eram percebidos por aquele antes de serem pronunciados pelos órgãos vocais do instrumento mediúnico. É provável que essa energia nervosa seja constituída de componentes fluídicos que funcionam como elos entre a vida orgânica e o perispírito, à semelhança de verdadeiras pontes para ligar ou desligar as células do córtex cerebral onde se localiza a memória. Na psicofonia sonambúlica, ensina André Luiz, o processo mediúnico se dá "sem necessidade de ligação da corrente nervosa do cérebro mediúnico à mente que o ocupa". Do ponto de vista vibratório, a alma do médium estaria mais livre, daí resultando o desligamento do córtex cerebral e a subtração da memória física.

Todavia, deve-se raciocinar que o médium, exceto em casos de obsessão ou aturdimento por outras causas, está consciente em Espírito, arquivando a experiência daquela hora em sua memória profunda. Por isso mesmo ele é responsável pelo que mediunicamente produz.

No processo consciente, o controle ao desencarnado é mais efetivo, existindo um mecanismo automático capaz de ser acionado rapidamente, impedindo qualquer desmando ou inconveniência por parte do comunicante. Diz André Luiz que, nesse transe, a ação é do Espírito, mas a vontade é do médium, garantindo que a passividade não seja relaxada a ponto de prejudicar o serviço.

No processo sonambúlico, o controle é indiretamente exercido pela força moral do médium ou, quando este não possui valores suficientes para o cometimento, pelos benfeitores espirituais. Sendo maior a passividade, o Espírito pode expressar com mais autenticidade sua personalidade. Esta maior liberdade, todavia, pode significar riscos desnecessários quando o médium ou o grupo a que se vincula para o trabalho não possuem valores de equilíbrio suficientes para assegurar harmonia a qualquer hora. Daí André Luiz ter asseverado que o sonambulismo é capaz de produzir belos fenômenos, mas é menos útil na construção do bem.

Não é da escolha do médium produzir a seu critério esse ou aquele tipo de transe. Suas possibilidades já estão contidas na sua organização mediúnica, que é herança de suas próprias experiências, como está proposto na questão 433 de *O Livro dos Espíritos*. Pode acontecer, todavia, que ele transite de uma para outra posição, à medida que vai aprendendo a exercer a sua função. De outras vezes, são os próprios mentores que, através de recursos magnéticos do plano espiritual, aprofundam o transe dos médiuns quando lhes querem tirar a consciência em atendimentos mais difíceis para a sensibilidade deles, ou no sentido contrário, quando julgam desnecessária a inconsciência.

Também não é sinal de evolução estar incluído num ou noutro grupo de médiuns. Se, por exemplo, apreciamos uma excelente médium sonambúlica como Celina, sobre a qual André Luiz declara ter ela "acrisolado as faculdades, aperfeiçoando-as nas chamas do sofrimento para tornar-se valiosa colaboradora", vemos outra médium, Marta, citada por Manoel Philomeno de Miranda em *Nos bastidores da obsessão*, capítulo 8, como *portadora de psicofonia sonambúlica atormentada, vidência e audiência dirigidas por cruéis verdugos desencarnados.*

A fidelidade da comunicação mediúnica tem muita relação com a maior ou menor resistência do canal por onde transita a energia mental, e também dos recursos intelectuais e morais do sensitivo.

Na identificação da natureza do comunicante deve-se analisar o conteúdo da mensagem, o caráter do médium e, por último, o nome da Entidade, quando esta o declina. Não devem ser esquecidas as sensações experimentadas pelo médium, impressões nervosas, na questão da identidade e do estado psíquico do Espírito comunicante.

7
VIVÊNCIA

A mediunidade, ao propiciar o despertamento de percepções parafísicas ínsitas no homem, constitui-lhe relevante instrumento de evolução.

Mesmo percebida assim, como qualidade, a experiência demonstra não ser o grau de intensidade dessa faculdade proporcional ao estágio moral da criatura, da qual independe, conforme asseveraram os bons Espíritos (*O Livro dos Médiuns*, cap. XX, item 226).

Ser médium não significa necessariamente ser moralizado, e vice-versa. Uma pessoa pode ser detentora de peregrinas virtudes e excelentes qualidades de caráter, e a sua mediunidade não passar de um registro discreto na faixa da inspiração, ao passo que outra, carregada de imperfeições, além de possuidora de caráter duvidoso, pode ter mediunidade ostensiva e bem-caracterizada. Allan Kardec, espicaçado por essa peculiaridade, não hesitou em estabelecer com os Espíritos o seguinte diálogo, que resumimos do capítulo XVII, item 220 de *O Livro dos Médiuns*:

– *Com que fim a Providência outorgou, de maneira especial, a certos indivíduos, o dom da mediunidade?*

É uma missão de que se incumbiram e cujo desempenho os faz ditosos [...].

A questão era tão vital para o codificador que ele voltou ao assunto, no capítulo XX, item 226:

Sempre se há dito que a mediunidade é um dom de Deus, uma graça, um favor. Por que, então, não constitui privilégio dos homens de bem [...]?

– Todas as faculdades são favores pelos quais deve a criatura render graças a Deus, pois que homens há privados delas. Poderias igualmente perguntar por que concede Deus vista magnífica a malfeitores, destreza a gatunos, eloquência aos que dela se servem para dizer coisas nocivas. O mesmo se dá com a mediunidade. Se há pessoas indignas que a possuem, é que disso precisam mais do que as outras para se melhorarem.

Portanto, ao afirmar-se que a moral não determina necessariamente a mediunidade, não se infira que a moralização do médium deve ser desconsiderada e posta à margem do processo das comunicações. Ao contrário, a faculdade lhe chega a fim de que através dela se aperfeiçoe moralmente e avance na senda evolutiva; ela deve constituir-se-lhe estímulo ao crescimento espiritual e renovação interior. O médium, pretendendo servir de intermediário aos bons Espíritos, haverá de se colocar pela sintonia à altura do empreendimento. É por isso que a conquista de virtudes, através do autodescobrimento, conduta equilibrada e prática da caridade, faz-se-lhe o maior investimento e o único capaz de assegurar-lhe a indispensável e duradoura sintonia com os Espíritos nobres, que o sustentarão nas lutas, conduzindo-lhe a faculdade por trilhas seguras e precisas e pondo-a a salvo das ciladas dos Espíritos enganadores e ignorantes. Daí Kardec ter cunhado o conceito de que *o bom médium, pois, não é aquele que comunica facilmente, mas aquele que é simpático aos bons Espíritos* [...] (*O Evangelho segundo o Espiritismo*, cap. XXIV, item 12).

É regra geral que, no início da jornada mediúnica, a maioria dos médiuns se ressinta de qualificações para captar o pensamento dos mentores, entretendo-se com Espíritos menos evoluídos que funcionam como adestradores da instrumentalidade medianímica. Porém, à medida que se deixa conduzir com disciplina e responsabilidade, aproveitando as oportunidades para progredir intelectual e moralmente, bem como pautando a conduta pelas diretrizes do Evangelho, abre espaços para fortalecer a sintonia com o guia espiritual e assenhorear-se melhor de suas potencialidades mediúnicas, dando forma clara e precisa à missão de serviço perante a qual se comprometeu.

A natureza dos Espíritos comunicantes depende basicamente do nível evolutivo do médium, e nem todo Espírito pode comunicar-se por qualquer um. Kardec teve a oportunidade de declará-lo algumas vezes, com base na Lei de Afinidade Vibratória, que estabelece atração entre os semelhantes, dentro de uma faixa de onda mental mais ou menos flexível.

Essas colocações ficariam incompletas se omitíssemos esta importante ressalva apresentada pelo codificador no cap. XX, item 226, 8ª questão de *O Livro dos Médiuns*: *Um médium imperfeito pode algumas vezes obter boas coisas, porque, se dispõe de uma bela faculdade* [...], *à falta de outro, em circunstâncias especiais* [...].

Dentre as circunstâncias especiais a que se referem os Espíritos, poderíamos conceber algumas: o interesse no despertamento de comunidades ou grupos sociais ainda carregados de primitivismo, lançando sementes para o futuro;

o interesse particular dos bons Espíritos em relação a algum discípulo que, por inexperiência, esteja deslocado do habitat próprio ao seu crescimento espiritual, e – a mais importante – os primeiros ensaios de um guia espiritual na tentativa de educar os registros mediúnicos de um pupilo seu, em formação. Nesse caso, investe carinhosa e pacientemente, aguardando o despertar da consciência do tutelado, o que se dará quando este for capaz de incorporar nas atitudes e comportamento as boas mensagens que lhe chegam. Vencido este período de ensaio e persistindo o médium desatento quanto desinteressado, o guia desiste de utilizá-lo como médium, indo procurar outro menos rebelde.

Quando Kardec perguntou, certa vez, o porquê e com que fim eram dirigidas constantemente mensagens abordando determinados defeitos de alguns médiuns (*O Livro dos Médiuns*, item 226, 4ª questão), os Espíritos lhe responderam prontamente que era para esclarecê-los ou corrigi-los desses defeitos. Ensinamento semelhante recebemos do médium Divaldo Franco, ao declarar que a benfeitora espiritual que lhe inspira a tarefa, Joanna de Ângelis, constantemente dava tratamento de segunda pessoa em mensagens que ditava por seu intermédio, advertindo-o que assim procedia porque antes de escrever para outrem, fazia--o para ele, Divaldo, o maior beneficiário de suas palavras.

Um segundo aspecto a esclarecer sobre a vivência mediúnica diz respeito às suas relações com a saúde. No capítulo XVII de *O Livro dos Médiuns*, item 221, os Espíritos colocam que o estado mediúnico, conquanto anômalo, não é patológico. Respeitadas as salvaguardas ali apresentadas, quanto a excessos causadores de fadiga e cuidados que se há de ter no trato com mentes em formação ou de constituição facilmente excitável, diríamos que o exercício da mediunidade não traz qualquer inconveniente sobre este particular.

Tem-se, erradamente, associado o surgimento da mediunidade à ocorrência de distúrbios orgânicos, dores e sofrimentos, como se a faculdade fosse um calvário a punir infratores das Leis Divinas e pô-los a ferros para que não se evadam de seus castigos e penas. Para os que assim pensam, a mediunidade seria um verdadeiro jugo.

Outros a associam aos reveses da sorte, dificuldades socioeconômicas e complicações de vária ordem, como se ela fosse um fator de desgraças. Tais associações ora se referem à mediunidade em si mesma, ora à não aceitação de seu exercício, e os que assim se posicionam transferem para essa faculdade as consequências das fraquezas do homem, sem se darem conta de que as mazelas, desarmonias e transtornos existenciais são alimentados pelas imperfeições morais da criatura humana, as quais atraem Espíritos imperfeitos, doentes, pelo processo natural de sintonia, reforçando aquelas complicações. Nesse caso, isto sim, a mediunidade, ainda insipiente e desajustada nos médiuns inexperientes, faz-se canal, escoadouro através do qual vêm à tona as energias deletérias de um psiquismo, além de enfermo, afetado pelo parasita espiritual, promovendo catarses muitas vezes dolorosas e demoradas.

Outro aspecto que precisa ser bem compreendido é o da interrupção voluntária da mediunidade. Muitos se recusam a exercê-la só pelo receio de se vincularem a um compromisso de que se não podem desobrigar, sob pena de sofrerem outras tantas tribulações, conforme afirmações de pessoas simplistas e mal-informadas.

De saída, é bom que se diga que a mediunidade não é uma improvisação nem um acontecimento fortuito. Pelo contrário, ela faz parte da constituição orgânica do indivíduo e tem suas raízes plantadas em causas e decisões anteriores ao momento de sua eclosão. Por isso, é impossível que uma determinada pessoa não sinta, quando possuir sensores, da mesma forma como não se pode evitar a inteligência, o uso da razão, a fala, a audição, etc. Ante a constatação de que se é portador de mediunidade, tem a criatura direito a consultar o seu livre-arbítrio, decidindo-se entre educá-la ou não. Optando pela primeira alternativa, investirá no aperfeiçoamento dos seus registros, criando condicionamentos seguros para um exercício voluntário e disciplinado. Preferindo a indiferença ou a recusa, estará rejeitando uma dádiva da vida para o seu desenvolvimento espiritual, abandonando um excelente roteiro evolutivo, trocando-o por outros, talvez, de menor valor qualitativo.

A falta de estímulos acaba por emperrar as engrenagens especializadas responsáveis pela mediunidade, bloqueando a sintonia que, no entanto, poderá continuar produzindo sinais mediúnicos fragmentários e ocasionais ao longo da existência, podendo cessá-los completamente. Usando imagens de Vianna de Carvalho, Espírito (*Enfoques Espíritas*, cap. 21), compararíamos a mediunidade assim abandonada a uma enxada jogada no monturo ou a uma lente largada às intempéries; a primeira se enferrujará, perderá o fio, inutilizando-se, e a segunda se cobrirá de mofo, distorcendo imagens e adulterando-as.

Pessoas há que estão de tal modo ligadas a um compromisso de redenção, através da ajuda aos desencarnados por meio da mediunidade, que são despertadas para a tarefa mediante severa e, às vezes, demorada constrição, provocada por esses Espíritos, como a acordar-lhes as consciências para o cumprimento dessas responsabilidades assumidas. À vista disso, incorreriam, essas pessoas, em grandes riscos – é bom que se diga – caso recusassem tais obrigações induzidas por caprichos, preconceitos ou acomodações a padrões morais incompatíveis com uma vida eticamente saudável.

Todavia, quando o médium, ao se avaliar, constatar que não se sente *com forças suficientes para perseverar no ensino espírita, é melhor que se abstenha*, conforme recomenda o Espírito Pascal, na mensagem III do capítulo 31 de *O Livro dos Médiuns*, é preferível que assim proceda a permanecer na tarefa como instrumento dos Espíritos infelizes, com pouco ou nenhum progresso, quando se pode dedicar com mais êxito a outros empreendimentos. E não têm sido poucos os que demandaram outros sítios e outras experiências, merecedores, todos eles, de consideração pelo que produziram enquanto puderam.

É por conta deste raciocínio que nem sempre convém encaminhar a prática mediúnica quem por ela não se sinta atraído. Algumas pessoas chegadas às Casas Espíritas por causa de momentâneos estados de sensibilização mediúnica, uma vez amainados seus conflitos e crises obsessivas, retornam ao silêncio da normalidade psíquica, onde deverão permanecer enquanto se preparam melhor para atender presumíveis compromissos libertadores através da mediunidade.

Quando surgem razões de ordem existencial, involuntárias e incontroláveis (doenças, esgotamento, deveres profissionais, sobrecargas emocionais), desestruturando a mente do médium, os próprios amigos espirituais providenciam interrupções temporárias, as quais também podem dar-se em forma de prova, para chamar a atenção do trabalhador quanto à correta vivência dos seus deveres.

Não há, portanto, como e por que considerar-se a mediunidade um estorvo, uma carga a tolher movimentos e dificultar a caminhada, quando, ao contrário, ela se nos afigura um farol derramando claridades sobre a rota evolutiva, se aceita com alegria e responsabilidade.

8
EDUCAÇÃO

Entre os primeiros sinais da eclosão da mediunidade e o estágio de pleno desempenho há uma longa caminhada.

Não se caracterizando a faculdade por sinais exteriores, somente o seu detentor pode perceber-lhe as nuanças e qualificar-se para educá-la.

A potencialidade mediúnica guarda relação com a aptidão orgânica do médium, sua experiência no exercício da faculdade e sua evolução espiritual, fatores que, comandados pela vontade e postos a serviço dos guias espirituais, determinam os limites possíveis de serem alcançados, por cada um, em cada etapa reencarnatória.

A prova de sabedoria está na atitude serena daqueles médiuns que se realizam quanto podem, a cada momento, adestrando-se e aperfeiçoando-se incessantemente. Não incorporam a preguiça dos tardos, nem se vestem com a vaidade dos que querem voar mais alto do que suportam. É nesse avançar seguro que se realizam pela alegria do serviço, sem invejar os que seguem na dianteira e sem copiar os vícios dos que se demoram na retaguarda.

Allan Kardec traçou alguns perfis para caracterizar os bons médiuns, colocando no mais alto patamar de sua classificação os médiuns seguros, aqueles que aliam a facilidade de execução à confiabilidade das comunicações que produzem graças às qualidades superiores de caráter de que são detentores e à boa assistência espiritual a que fazem jus, como decorrência. Este patamar da mediunidade, que é amplo e genérico, pode abrigar uma variedade imensa de médiuns, com suas características e níveis de evolução próprios, desde que, conscientes, aproveitem integralmente os recursos e oportunidades que lhes são colocados à disposição.

Esse é o objetivo, o fanal a ser alcançado pela educação mediúnica. Educar, conforme a citação de João Cléofas [Espírito], significa "arrancar de dentro", o que o nobre benfeitor espiritual aduz em *Intercâmbio mediúnico*, capítulo 32, psicografia de Divaldo Franco: *O conhecimento jaz na intimidade do ser, aguardando a metodologia que o trará à luz.* Jesus Cristo, em O Sermão do Monte, já não nos conclamou a que fizéssemos brilhar a nossa luz?!

Não existindo faculdades iguais, nem sequer idênticas, a forma de desabrocharem e se desenvolverem varia de pessoa para pessoa, desde que se instala. Conquanto utilíssimas as experiências dos que vieram antes ou seguem à frente, todo médium tem que aprender a construir sua própria história.

A educação para a mediunidade deve iniciar-se antes mesmo de seu aparecimento, através do cultivo da oração e assimilação dos valores morais da solidariedade ativa, que são conquistas religiosas a serem promovidas desde a infância e mantidas por toda a vida. Daí assevera Manoel Philomeno de Miranda, em *Temas da vida e da morte*, capítulo "Educação íntima", psicografia de Divaldo Franco, que a *mediunidade requer cuidados especiais que lhe facilitem o conveniente desabrochar, ou, a **posteriori**, o correto conduzir.*

A recomendação inicial que fazem Kardec e os Espíritos superiores, tão logo se constatem os sintomas da mediunidade, é o estudo, a desdobrar-se em duas frentes distintas: Doutrina Espírita e suas relações com as diversas áreas do conhecimento, a primeira, e psicologia do comportamento humano, a segunda.

O estudo doutrinário propiciará importantes conquistas, que funcionarão como ferramentas facilitadoras da ação planejada. Praticar mediunidade sem conhecer os mecanismos básicos da faculdade é como manipular substâncias sem conhecimento de Química, usando linguagem de Kardec (*O que é o Espiritismo*, Segundo Diálogo). Não há como operar com segurança sem compreender importantes assuntos, tais como: finalidade do intercâmbio, as influências pessoal e moral do médium e do meio, a metodologia para distinguir a qualidade moral dos Espíritos e os obstáculos a superar ao longo do exercício, somente para citar algumas relevantes matérias.

Ademais, citando ainda Manoel Philomeno de Miranda, *o estudo doutrinário estimula a criação de um estado íntimo otimista, desenvolvendo a autoconfiança e a serenidade.*

Por sua vez, a análise do comportamento íntimo propicia, no início, o autodescobrimento, depois o autodomínio e, numa fase posterior, a autoiluminação. Trata-se da reflexão sobre a existência, convidando os médiuns a viverem com atenção, porém sem tensão, agindo, em vez de reagindo, em estado de consciência lúcida. É esse trabalho que os levará ao aquietamento, ao silêncio interior, indispensáveis ao bom êxito do empreendimento. Sendo o médium uma pessoa ultrassensível, é natural que a sua emoção oscile mais que o habitual, com o que ele aprenderá a conviver nessa grande viagem ao continente inexplorado de sua paranormalidade. Que ele analise suas impressões, variantes no aspecto e intensidade em cada fase da vida, procurando sobrepor-se às emoções mais grosseiras, bem como disciplinando as sensações do campo físico. Esse é um aprendizado lento, pois que a educação da mediunidade é para toda a vida, requerendo muita dedicação e paciência.

Há uma relação muito estreita entre a educação para a vida e a educação para a mediunidade. Se a vida exige do ser disciplina e responsabilidade no fruir dos gozos materiais, equilíbrio e brandura no lidar com o próximo, além de resistência nas provas, a mediunidade se enriquece de modo idêntico com essas conquistas. Pode-se, portanto, afirmar que não existe médium educado antes que tenhamos um cidadão educado.

Não há educação mediúnica sem crescimento moral, conquista que atrairá os bons Espíritos, fortalecerá os laços com o anjo guardião enquanto reforça o nível energético do perispírito e melhora a organização mental, de tal modo que o banco de dados das ideias arquivadas esteja prontamente disponível.

Se a mediunidade é para toda a vida, por que não o seria para todas as horas? Quem é médium não o é somente nas reuniões de intercâmbio espiritual. A faculdade é um sentido profundo que acompanha o seu detentor onde esteja. Isto não quer dizer que se deva entrar em transe a qualquer hora e lugar, mas registrar o que seja facultado, reservando-se o direito de permanecer lúcido e ativo no cumprimento das tarefas e compromissos sociais e em permanente sintonia com os bons Espíritos, através da inspiração, pois semelhante tento marcará a vida de imensas possibilidades de servir. E, quanto mais se serve, mais médium se é, mesmo não possuindo mediunidade ostensiva. O Espírito Odilon Fernandes afirma isto na obra *Mediunidade e doutrina*, psicografia de Carlos Baccelli, ao declarar: *Pode acontecer que seja mais médium quem não recebe Espíritos do que quem os recebe.* Amparados nesta compreensão, todos somos chamados a viver mediunicamente quanto possível, errando menos e servindo mais.

Como o intercâmbio espiritual não é produzido apenas por médiuns ostensivos, os companheiros que, nas reuniões mediúnicas, desempenham outras funções (dirigentes, doutrinadores e assistentes-participantes) estão sendo igualmente chamados ao despertamento consciente de suas potencialidades.

Uma informação útil a transferir para os interessados em mediunidade: não se deve forçar a eclosão e o desenvolvimento de uma faculdade ostensiva, mas aguardar o seu despontar espontâneo, para, em seguida, imprimir-lhe direção segura. Neste particular, observa-se comumente um grande paradoxo no comportamento das pessoas: uns, com explícitas possibilidades, rejeitam a mediunidade, enquanto outros, praticamente nada sentindo, desejam-na a qualquer custo. Os primeiros sabem, no inconsciente, das lutas e compromissos assumidos e, porque os temem, deles se distanciam num mecanismo de acomodação e de fuga; os segundos, porque imaturos, estão seduzidos pela necessidade de brilhar, de exibir uma mediunidade que não têm, de modo a se autopromoverem. Cuidado, portanto, para não aderirmos às pseudotécnicas para fabricação de médiuns, recheadas de exercícios e buscas inócuas, visando a acordar faculdades ainda muito embrionárias.

Mediunidade não é aquisição apressada que se obtém no mercado das facilidades humanas, mas luz do caminho apontando rumos.

9
EXERCÍCIO

O primeiro passo para o exercício mediúnico é o apercebimento dos sinais evidenciadores da faculdade, que se podem apresentar multidirecionados e indefinidos, sensibilizando, a um só tempo, diferentes áreas nervosas do médium.

Faz-se necessário, portanto, que o candidato ao exercício mediúnico canalize a faculdade nascente para a característica que se apresentar mais evidente, deixando para o futuro a possibilidade de desenvolver outras, sem alimentar, contudo, a pretensão de utilizar todas, o que pode caracterizar-se como pura vaidade.

Não é recomendável o desenvolvimento apressado em grupos desestruturados ou em reuniões familiares não avalizadas pelos bons Espíritos. Esse tempo de improvisação já passou.

Convém buscar-se uma Instituição Espírita bem orientada onde, de início, o candidato à mediunidade frequentará reuniões doutrinárias e grupos de estudo, incorporando-se gradativamente às tarefas do Centro, sobretudo na assistência aos necessitados, além de recorrer aos benefícios do passe. Amainados os conflitos e conquistada a base de conhecimentos indispensáveis ao empreendimento, terá ele condições de decidir se efetivamente aspira ao serviço mediúnico. Sendo legítimo esse desejo, pleiteará a tarefa e aguardará a oportunidade de ser incorporado a um dos grupos mediúnicos da casa, ao qual deve ajustar-se através de uma participação regular e disciplinada. A partir daí, inicia-se a longa caminhada do adestramento, através da qual terá a oportunidade de trabalhar o seu potencial mediúnico e aprender a educar a força nervosa em expansão para filtrar com nitidez as ideias dos Espíritos comunicantes, preservando o conteúdo e a emoção das mensagens num tom de voz natural, alijando as expressões vulgares ou inconvenientes.

Importa ao sensitivo não resistir à onda mental que o alcança, ainda que acompanhada de fortes emoções e sensações desconfortantes. Ela procede dos Espíritos e deverá ser canalizada sem bloqueios, porém com atenção, equilíbrio e disciplina. Resistências provocam "ingurgitamentos" energéticos e mal-estar, os quais, muitas vezes, refletem a falta de uma preparação cuidadosa. Todavia, nunca deverá entregar-se em totalidade a ponto de permitir a exacerbação nervosa, a manifestação ruidosa ou a posição largada de se debruçar sobre a mesa, ou comportamentos equivalentes.

Com a prática será permitido perceber o momento certo de dar a comunicação, o que será preferível fazer quando não haja mais de um médium em ação, o mentor estiver dando a sua orientação, ou quando a gravidade de uma única comunicação exigir a cooperação de todo o grupo mediúnico. Isto significa ritmo, ordem, integração, e, nessa cadência de trabalho, dificilmente será necessário ao médium receber mais de duas comunicações em cada reunião, ainda porque entre uma e outra será necessário esvaziar a mente, reorganizar as emoções e se recompor, a fim de que os resíduos psíquicos e mentais da primeira não interfiram na segunda. O médium deverá conscientizar-se de que, à semelhança dos demais participantes do trabalho de intercâmbio espiritual, está em aprendizado espírita e precisa acompanhar algumas comunicações para esclarecer-se, instruir-se, enquanto ajuda.

E recordar sempre que a mediunidade não é canal exclusivo para os Espíritos carentes. Sentindo terminada a doação aos sofredores, exercitar a sintonia superior de modo a adestrar-se na captação do pensamento dos protetores espirituais. Esta é uma etapa que virá naturalmente com o crescimento moral, somando a incorporação das disciplinas austeras e o despertar da consciência lúcida.

Aqueles que não apresentam mediunidade ostensiva e têm vocação para o serviço das reuniões mediúnicas podem a uma delas vincular-se, desde que se preparem para o empreendimento. E assim procedendo, deverá ter o seu exercício voltado para o trabalho de sustentação vibratória da reunião, a ser promovido por meio de orações meditadas, e para o acompanhamento atento das doutrinações, cuja tarefa é de relevante valor para o intercâmbio espiritual. Normalmente, o assistente-participante (que não é plateia, mas colaborador) irradia de forma constante plasma psíquico e mental, utilizado nas terapias oferecidas aos Espíritos sofredores e também na ativação da corrente vibratória que reforça as comunicações. Esses indivíduos poderão permanecer nessa função auxiliar como transitar para outras. Uma faculdade mediúnica ostensiva pode irromper de repente, ou então a intuição aguçar-se, prenunciando compromisso na área da doutrinação.

Clareando um pouco mais, diríamos que o indício de predisposição para a doutrinação é uma lucidez que vai permitindo ao assistente-participante familiarizar-se com os problemas dos comunicantes e os caminhos a serem seguidos no atendimento aos sofredores, podendo, inclusive, em certas ocasiões, perceber a intuição com mais clareza do que os doutrinadores em pleno exercício. A partir daí, investirá no desenvolvimento de suas conquistas afetivas, de modo a angariar a simpatia dos companheiros da equipe encarnada e, sobretudo, dos mentores, pois a doutrinação é, antes de tudo, um exercício de amor.

Em suma, todos os participantes das reuniões mediúnicas devem sentir-se em exercício, cada um em sua função e abertos ao impositivo de educar seus registros psíquicos.

O dirigente encarnado é peça fundamental. O êxito dos trabalhos guarda estreita relação com a ligação telepática que estabeleça com o dirigente espiritual, para produzir atitudes corretas em quaisquer das situações delicadas que possam surgir no desenrolar do atendimento aos desencarnados, principalmente nas doutrinações.

A atuação de um dirigente bem inspirado, educado mediunicamente, portanto, é valioso instrumento de apoio para o grupo, principalmente aos médiuns, ajudando-os, de forma discreta e sem violência, ao livre-arbítrio de cada um, a superar os conflitos íntimos, dúvidas e esquisitices de que poderão ser acometidos no decorrer do exercício de suas faculdades. Aos demais participantes, igualmente ajudará, entre outros aspectos, a se conscientizarem quanto aos papéis e possibilidades de ação ao alcance.

A concentração deverá ser conquista de todos, pois dela depende, fundamentalmente, a harmonia do trabalho. Isso significa fixação do pensamento nos objetivos da reunião, com exclusão de tudo mais, em clima de absoluta serenidade.

Para os médiuns ostensivos, será o esvaziar da mente, para que possam expandir o perispírito e captar a onda mental dos seres que desejam comunicar-se; para os demais participantes, será uma reflexão atenta, tendo, como pano de fundo, o amor irradiante inspirado em Jesus.

Para concentrar, é necessário aprender a meditar, e vice-versa. Na meditação, a mente direciona-se para a imaginação criativa, ou escuta sem apegos e julgamentos as lições que se apresentam no desdobramento das atividades mediúnicas, ou, ainda, mergulha na oração em total entrega de si mesma.

Dados esses passos, a mediunidade se engrandece, conquistam-se belas amizades espirituais, aprimora-se a capacidade de doação e descortina-se com alegria um futuro de bênçãos.

10
OBSTÁCULOS

O mais forte obstáculo à utilização da mediunidade é o conjunto das imperfeições do médium, pois facilita a interferência dos maus Espíritos como dos frívolos que com ele se afinam, mantendo identificação de propósitos de natureza inferior. Isso porque os médiuns não são criaturas privilegiadas, agraciadas, mas Espíritos em evolução, sujeitos às provas da vida, que trazem do passado deficiências, viciações e desvios de comportamento ainda não superados, os quais se refletem, inevitavelmente, nas relações interpessoais da presente encarnação, na qual se insere também o exercício mediúnico.

Em face dos perigos a que está exposto, o médium deve trabalhar pelo próprio aprimoramento íntimo constantemente, usando suas faculdades medianímicas com nobreza e desinteresse por qualquer tipo de retribuição, ainda porque, tal experiência, quando vivenciada com entusiasmo e seriedade, ajuda-lo-á na retificação de seu caráter, enquanto lhe abre as portas do serviço de natureza superior.

Esforçar-se-á, a todo custo, para libertar-se do orgulho, da presunção, da indolência e da irresponsabilidade, esses inimigos da alma, ao lado de tantos outros, dentre os quais merece atenção especial o orgulho, por ser a doença moral de que a criatura humana menos admite ser portadora, embalada como se encontra pelas ilusões escravizadoras e alienantes do *ego*.

Por invigilância, o orgulho tem destruído as mais belas faculdades mediúnicas, impossibilitando os seus detentores de se tornar instrumentos benfazejos e úteis para o progresso próprio, quanto para o da Humanidade.

O traço característico do orgulho, agindo no médium, é a confiança cega nas suas comunicações e na infalibilidade dos Espíritos que atuam por seu intermédio.

Com uma confiança absoluta na superioridade do que obtém, isolado do convívio salutar das pessoas que podem opinar através de uma crítica construtiva, aliada a uma irrefletida importância dada aos nomes de Entidades venerandas que assinam os comunicados, torna-se presa fácil dos Espíritos mistificadores e perversos.

Necessário salientar ainda a influência perniciosa daqueles que o rodeiam, estimuladores da presunção e da vaidade pela via do endeusamento inconsequente.

Allan Kardec, em *O Livro dos Médiuns*, teve ocasião de registrar textualmente: *Mais de uma vez tivemos motivo de deplorar elogios que dispensamos a alguns médiuns, com o intuito de os animar* (cap. XX, item 228).

Por essa e outras razões, o médium deve trilhar a estrada cheia de pedregulhos e espinhos do aperfeiçoamento moral, buscando, no trabalho de edificação do bem e da caridade, na oração e no estudo doutrinário, as forças para superar os impedimentos inerentes à sua própria natureza, para alcançar os patamares de libertação.

A edificação do bem é a disposição de vivê-lo, na íntegra, a todo instante, em esforço hercúleo para manter-se de pé ante as provas da vida, sem perder a condição para o serviço a benefício da coletividade. A princípio, são quase impossíveis quaisquer realizações; insistindo-se na decisão, surgem os primeiros resultados, e, perseverando, chega-se ao hábito.

A caridade é igualmente fruto da experiência. Pessoas existem que, questionadas sobre a sua prática, não encontram registros em si mesmas; jamais se doaram, não sabem o de que se trata. Contentam-se em não estar contribuindo para o agravamento dos males alheios, o que – reconhecemos – já é sinal de progresso nascente. Todavia, a caridade é uma força dinâmica que aproxima as almas. A pessoa que já despertou para a sua vivência, diante de outra a quem se proponha ajudar, não saberá dizer qual das duas precisa mais uma da outra.

O estado de oração é a educação da mente para a busca de Deus. Mente vazia é campo propenso a qualquer tipo de pensamento. A criatura humana, antes de atingida por ideias indesejáveis ou depois de alcançada por elas, em face das matrizes de atração que mantém, deve sustentar um esforço consciente para pensar no amor e direcionar as ideias para o louvor e o reconhecimento da obra e do poder de Deus, reflexionando nas lições e situações que o Evangelho de Jesus propõe, à guisa de roteiros iluminativos.

O estudo doutrinário é fundamental para o aprimoramento moral, porque através dele reconhecem-se as próprias limitações e descortinam-se as condições de superá-las. Especificamente, ele enseja ao médium compreender melhor sua faculdade, bem como as leis que regem o intercâmbio espiritual, habilitando-o a educá-la com maior eficiência. É também uma fonte de aprendizado, através da qual se recolhe a experiência dos que retornam das sombras da morte para narrar as suas desditas e o porquê delas, desvelando de forma clara os processos da Misericórdia Divina. É ainda através do estudo doutrinário, que se evidenciarão as vitórias dos desencarnados que se venceram a si mesmos, e por tal revelam os estados íntimos de paz e os panoramas felizes das esferas de ventura para onde se trasladaram.

Pode-se dizer que as imperfeições morais do médium, o embotamento de sua consciência e a inexperiência geram, no exercício mediúnico, as condições para obstáculos específicos, tais a estagnação, as mistificações e a obsessão.

Estagnação – quando a mediunidade se faz repetitiva e monótona naqueles médiuns que se tornam improdutivos por vontade própria, pelo desinteresse da tarefa, pela ausência de renovação interior, criando embaraços ao livre transitar das ideias novas.

Já foi dito que, no início da jornada mediúnica, é natural que o médium se envolva com desencarnados da craveira comum, mais compatíveis vibratoriamente com o estado ainda confuso de sua mente, enquanto se lhe adestra a faculdade.

À medida que se aperfeiçoa moralmente e se autodescobre, vai permitindo alargar a sintonia com os seus amigos espirituais, flexibilizando a sua instrumentalidade para atender melhor aos sofredores, bem como registrar mais claramente o pensamento dos guias e benfeitores da Humanidade. A falta de esforço, de investimento em si mesmo e de entusiasmo mantém-no preso ao marasmo, à mesmice, comprometendo o seu progresso. Vale ressaltar que este não é um problema exclusivo dos médiuns ostensivos, mas de toda a equipe do trabalho mediúnico, que pode estar ameaçada pelo tóxico pertinaz da indolência, anestesiante e perturbador, resultando em experimentos inexpressivos e de qualidade inferior.

Mistificações – apesar dos cuidados que o exercício da mediunidade exige, nenhum médium está isento de ser veículo de mistificações. Estas se manifestam conforme os seguintes tipos ou procedências:

a) Conscientes – podem ser provocadas pelo próprio médium que, não sentindo a presença dos comunicantes e sem valor moral para explicar a ocorrência, apela para o embuste, derrapando em gravame moral significativo. De maior importância para o estudo são as mistificações provocadas por Espíritos frívolos e pseudossábios, que vêm às reuniões atraídos pelo comportamento equivalente dos médiuns ou qualquer de seus participantes, ou são trazidos com a finalidade de pôr à prova a humildade, a vigilância e o equilíbrio da equipe mediúnica.

Neste particular, o valor moral do grupo, determinado pelo seu interesse predominante, é de fundamental importância. Mentes despreparadas, corações invigilantes, propósitos inferiores, insinceridade nos trabalhos, desconfianças e dissensões abrem espaços para as ocorrências de mistificação. Kardec apresenta uma receita infalível para evitá-la: não pedir ao Espiritismo senão o que ele possa dar, com base na compreensão de que seu fim é o melhoramento moral da Humanidade (*O Livro dos Médiuns*, cap. XXVII, item 303).

b) Involuntárias – quando os médiuns não logram ser fiéis intérpretes, no dizer de Vianna de Carvalho [Espírito], por encontrarem-se em aturdimento, com estafa, ou desajustados emocionalmente. A expressão involuntária não significa, de forma alguma, isenção da responsabilidade do médium quanto aos episódios de descontrole que lhe toldam a lucidez mediúnica. Pelo contrário, a ele, e somente a ele, isso se deve, por se ter permitido desajustar a ponto de comprometer a sua ação.

São involuntárias no sentido de que, uma vez atingidas certas condições críticas de desarmonia, fenômenos automáticos do organismo e do psiquismo eclodem, inevitáveis, criando as exacerbações nervosas ou o desbordar das expressões do inconsciente, mascarando as comunicações.

c) Inconscientes – são aquelas devidas à liberação dos arquivos da memória do médium – animismo –, ou à captação telepática de correntes mentais parasitas provenientes dos Espíritos desencarnados ou de encarnados ligados à reunião. Tais contatos telepáticos podem assomar no instante mesmo em que o médium se põe em ação mediúnica, programada pelos mentores, interferindo na mensagem que exterioriza, ou eclodir isoladamente, dando origem a comunicações truncadas, inconsistentes e fora do contexto da reunião.

O animismo, como fenômeno do qual o médium inconsciente arroja do passado os próprios sentimentos de onde recolhe as impressões de que se vê possuído, merece tratamento cuidadoso por parte do dirigente encarnado das reuniões mediúnicas.

Muitas vezes, aquilo que se assemelha a um transe mediúnico não passa de um estado anímico, no qual o médium desajustado revive o seu passado, induzido pela aproximação dos Espíritos que partilham de suas remotas experiências. O médium, nessa condição, deve ser tratado com a mesma solicitude, afetividade, compreensão e paciência que são dispensados aos Espíritos desencarnados sofredores que se comunicam, pois, no conceito de André Luiz [Espírito], aquele é um vaso defeituoso que pode ser consertado e restituído ao serviço.

É preciso atenção para não transformar a tese animista em exame de admissão à mediunidade. Evitar, por exemplo, que o médium, classificado como anímico, seja sumariamente rejeitado para a tarefa, empurrando-o, quiçá, para o corredor escuro da obsessão.

O animismo na mediunidade, como expressão de um desajuste psicológico, não subsistirá a um esforço consciente de crescimento interior. Deverá constituir-se um capítulo inerente à inexperiência, uma sombra que a luz da boa vontade esbaterá. A sua repetição prolongada, todavia, pode refletir uma ferida mal drenada ou uma viciação malconduzida, e o "sensitivo", com a mente assim coagulada, pode estar carecendo muito mais de um terapeuta da área do comportamento do que de exercício mediúnico.

Obsessão – a obsessão na mediunidade é um grande obstáculo à sua educação e ao seu exercício.

Assevera Manoel Philomeno de Miranda [Espírito] que somente ocorre parasitose obsessiva quando existe o devedor que se lhe torna maleável, na área da consciência culpada que sente necessidade de recuperação.

A princípio, a obsessão pode ser confundida com algumas dessas manifestações psicopatológicas, tais como: o transtorno neurótico, psicótico, e, às vezes, a esquizofrenia.

Não é, porém, a mediunidade que responde pela eclosão do fenômeno obsessivo. Aliás, é através do seu cultivo correto que se dispõe de um dos antídotos eficazes para esse flagelo, porquanto, por meio da faculdade mediúnica, manifestam-se os perseguidores desencarnados que se desvelam e vêm esgrimir as falsas razões nas quais se apoiam, buscando justificar a vingança.

Será, no entanto, a transformação moral do médium obsidiado a única porta para a recuperação da sua saúde mental, libertando-o do cobrador atormentado e atormentador.

Chamamos a atenção para o fato de que todo obsidiado é médium, entretanto, nem todo médium obsidiado deve desenvolver as suas faculdades mediúnicas.

A obsessão na mediunidade se apresenta sob três aspectos já considerados por Allan Kardec, em *O Livro dos Médiuns*: simples, fascinação e subjugação.

Na obsessão simples, ocorre a intromissão de um Espírito imperfeito, nem sempre uma Entidade vingadora, no campo magnético do médium, causando interferência e impedimento para o programa de atendimento estipulado pelos instrutores espirituais. Pode acontecer, por sua vez, exclusividade do mesmo comunicante, não devendo ser confundida com falta de maleabilidade do sensitivo e/ou manifestações ruidosas.

Na obsessão por fascinação, acontece uma ilusão que perturba o raciocínio do médium. Caracteriza-se por uma confiança cega nas comunicações que recebe, ausência de senso crítico, tendência para o isolamento, comunicações psicofônicas ou psicográficas em momentos e situações inoportunos e frequentes.

A obsessão por fascinação não se constitui apenas como um problema individual. Ela pode refletir-se em todo um grupo de trabalhadores, quando o agente atua sobre uma liderança, impondo *verdades incontestáveis* e que o grupo, por desconhecimento, aceita, sendo manipulado. Desse perigoso fato decorrem duas atitudes: o isolamento do grupo ou a sua projeção no Movimento Espírita, numa tentativa de fazer escola e retardar a marcha do progresso.

Na obsessão por subjugação, acontece uma constrição paralisante da vontade do sensitivo, podendo afetá-lo moral ou fisicamente, forçando-o a tomar resoluções absurdas com a prática de atos ridículos.

Constituindo-se a mediunidade luz abençoada a espancar sombras de ignorância, caminho de ida e de volta para Deus, é natural que as forças do mal tentem apagá-la, ora assacando calúnias contra os médiuns, ora tentando aliciá-los à cumplicidade com este primitivismo materialista que engendra a preguiça e a sensualidade. Por isso é que, constituindo a sua prática com Jesus o melhor antídoto contra a obsessão, esta mesma obsessão, paradoxalmente, é o seu maior escolho.

11
DO ANÍMICO AO MEDIÚNICO

O termo animismo designa, aqui, as manifestações da própria alma do médium a desvelar, no processo das comunicações, conteúdos psíquicos arquivados no inconsciente.

Na prática mediúnica, o animismo se revela sob dois modos distintos: a alma do médium se comunicando – a situação clássica – ou introduzindo suas ideias nas mensagens de que se faz instrumento.

A problemática das comunicações do médium, utilizando sua própria equipagem medianímica, não passou despercebida a Allan Kardec que, ao questionar os Espíritos que orientaram a Codificação, deles obteve a confirmação do fato, conforme anotado em *O Livro dos Médiuns*, item 223, 2ª questão: *A alma do médium pode comunicar-se, como a de qualquer outro. Se goza de certo grau de liberdade, recobra suas qualidades de Espírito.*

Vê-se, portanto, que os mentores não deram ao assunto qualquer conotação de anormalidade, chegando mesmo a afirmar que o conteúdo de certas comunicações produzidas por médiuns, sem o concurso dos Espíritos, pode ser superior ao de outras, obtidas com a participação deles, a depender do grau de evolução de uns e de outros.

Nem sempre, todavia, o fato anímico revela qualidades adormecidas ou simples ocorrências do quotidiano da vida atual ou pretérita de um médium. Não raro, o que se projeta são o trauma, as manifestações fóbicas, além de outras expressões de desajuste que aguardam regularização.

André Luiz, em *Nos domínios da mediunidade*, capítulo 22, intitulado "Emersão do passado", narra interessante fato ocorrido numa reunião mediúnica, em que uma sensitiva, em transe sonambúlico, libera episódio traumático de outra encarnação, à feição de uma autêntica comunicação mediúnica.

Interessante ressaltar que assistia à cena, sem participar mediunicamente do transe, um ser espiritual, na condição de algoz endurecido, cuja presença funcionava como catalisador a detonar na memória da sensitiva, pelos mecanismos dos reflexos condicionados, os lances ali fixados desde passado remoto.

O fato, narrado pelo lápis mediúnico de Francisco Cândido Xavier, reflete uma situação anímica marcada pelo desajuste psicológico, passível, no entanto – segundo opinião do autor –, de uma solução futura após o esvaziamento daquelas aflições e o retorno à normalidade mediúnica da referida sensitiva. Com base nessa certeza, o autor enfatiza a necessidade de conduzir o atendimento com todo respeito e interesse, procedendo-se ao diálogo esclarecedor da mesma forma como se atendem os Espíritos desencarnados em sofrimento nas reuniões de intercâmbio espiritual.

Até aqui falamos do fenômeno plenamente anímico, ou seja, a alma do médium se comunicando. Existem, todavia, manifestações mistas, ou parcialmente anímicas, em que o médium, não conseguindo apassivar-se totalmente para ensejar a comunicação, introduz inconscientemente suas próprias ideias, clichês mentais e automatismos da personalidade.

Uma das causas principais deste problema é a falta de afinidade entre o médium e o Espírito, o que se caracteriza, do ponto de vista vibratório, por divergências constitucionais que dificultam as ligações fluídicas indispensáveis para que o fenômeno se processe com naturalidade. Este assunto foi muito bem focado em *O Livro dos Médiuns*, item 223, 7ª e 8ª perguntas:

O Espírito encarnado no médium exerce alguma influência sobre as comunicações que deva transmitir provindas de outros Espíritos?

Exerce, porquanto, se estes não lhe são simpáticos, pode ele alterar-lhes as respostas e assimilá-las às suas próprias ideias e pendores [...].

Será essa a causa da preferência dos Espíritos por certos médiuns?

Não há outra [...]. Não havendo entre eles simpatia, o Espírito do médium é um antagonista que oferece certa resistência e se torna um intérprete de má qualidade e muitas vezes infiel.

A simpatia de que falam os Espíritos não é um resultado tão somente de afinidades psicológicas ou afetivas, mas peculiaridades da organização perispiritual que determinam a sintonia vibratória responsável pelo fenômeno mediúnico.

Conquanto médiuns haja, constitucionalmente bastante flexíveis e aptos a atenderem uma gama imensa de Espíritos, em situações específicas, outros médiuns, ainda que menos maleáveis, são mais adequados e aptos. É por essa razão que o trabalho mediúnico se processa mais ajustadamente quando é controlado do Plano espiritual para o físico, deixando-se a cargo dos mentores a escolha do médium específico para atender cada comunicante. Isso não significa, de forma alguma, desmerecer o dirigente encarnado, mas dar prioridade no aspecto da competência, característica desses Espíritos, que são os dirigentes, de fato, das reuniões mediúnicas.

De outras vezes, o que se dá é um mecanismo de associação de ideias, provocado por ação telepática. O pensamento do comunicante, mal-sintonizado pelo médium, apaga-se quase que totalmente em sua mente, despertando ideias correlatas, parecidas ao acervo de suas experiências.

No capítulo 9 da obra *No mundo maior*, André Luiz [Espírito] elucida com propriedade essa particularidade do problema: um médico, no Plano Espiritual, pressuroso por inspirar a realização de um trabalho de assistência à saúde, na Terra, põe-se em ação mediúnica de intercâmbio, transmitindo mensagem nesse sentido através da médium escolhida para o tentame. Enquanto ela recebia a mensagem, outros sensitivos registravam-lhe os pensamentos, de forma indireta, decodificando-os de uma maneira particular por meio de associações anímicas peculiares ao mundo das experiências de cada um. Certo cavalheiro recordou-se de comovente paisagem de hospital, outro rememorou o exemplo de enfermeira bondosa que com ele travara relações, um terceiro abrigou pensamentos de simpatia para com os doentes desamparados, não faltando quem se lembrasse da missão de Vicente de Paulo. Imaginemos que qualquer dessas pessoas, por inexperiência, entendendo estar mediunizada, externasse essas ideias como se fossem comunicações e teríamos um exemplo peculiar de animismo por associação de ideias.

As interferências anímicas podem ser provocadas ainda por interrupções intermitentes de sintonia: o médium começa a dar a comunicação e, de repente, perde o sinal, deixa de receber o pensamento do comunicante, e, desconcertado com as lacunas, pode ceder à tentação de preenchê-las com pensamentos próprios, num mecanismo inconsciente de preservação de sua imagem. Algumas vezes, essas perdas de sintonia são provocadas pela ação de obsessores interessados em inviabilizar o trabalho do médium.

Para se entender corretamente o problema do animismo, tem-se que compreender o papel do médium nas comunicações. Sabe-se que ele é o intérprete da mensagem que lhe chega. Ora, quem interpreta, vivencia, e não apenas repete, absorvendo em seu mundo íntimo a ideia, devolvendo-a com a vestimenta representada por seu estilo, vocabulário, emoções e acervo cultural.

Quando o médium é limitado no conhecimento e menos evoluído que o Espírito que por ele se comunica, não pode transmitir a mensagem tal qual foi idealizada, por falta de experiência vivencial e valor interno para uma interpretação adequada. Nesse caso, não há propriamente uma adulteração anímica, mas uma incapacidade técnica para o tentame.

Utilizaremos o mesmo caso narrado por André Luiz, no capítulo 9 de *No mundo maior*, para elucidar: o comunicante põe-se em ação para transmitir sua mensagem através de Eulália. Calderaro, o orientador de André Luiz, analisando as possibilidades da médium, assim se expressa:

[...] *Nosso amigo médico não encontra em sua organização psicofísica elementos afins perfeitos: nossa colaboradora não se liga a ele através de todos os centros perispirituais; não é capaz de elevar-se à mesma frequência de vibração em que se acha o comunicante; não possui suficiente espaço interior para comungar-lhe as ideias e conhecimentos; não lhe absorve o entusiasmo total pela Ciência [...]. Eulália manifesta, contudo, um grande poder – o da boa vontade criadora, sem o qual é impossível o início da ascensão [...].*

Após essas explicações, vimos que a médium, apesar de suas limitações, conclui o seu trabalho, grafando o ditado psicográfico com razoável nitidez e com a precisão que lhe era possível. No final da reunião, sob a liderança do dirigente encarnado, os participantes se puseram a analisar a mensagem, concluindo que o seu conteúdo, conquanto edificante na essência, não apresentava índices evidentes de uma identificação do conhecido profissional da Medicina, dada a falta de uma linguagem mais adequada, técnica e com características próprias de sua erudição. A tese animista foi ventilada, sendo aceita pela maioria como tábua de salvação. Enquanto isso, na Espiritualidade, os mentores lamentavam o erro crasso e a verbosidade intelectual daqueles colaboradores humanos, alimentados apenas superficialmente de ciência.

Seja o episódio anímico a expressão de uma experiência normal em que o médium simplesmente se desvela, a consequência de um trauma que eclode ou a inserção de expressões adulteradoras da mensagem dos Espíritos, ele haverá de ser um episódio esporádico e passageiro, que cederá lugar ao exercício mediúnico normal, à medida que o sensitivo adquire experiência e se esforça para superar as suas íntimas dificuldades.

É comum, no começo da jornada mediúnica, quando os médiuns ainda não estão familiarizados com o processo das comunicações, que eles façam o conflito sem saber determinar corretamente a fronteira entre o pensamento próprio e o dos comunicantes. Nesse lusco-fusco do início é muito provável que preponderem os estados arquivados no inconsciente. É por isso que, acertadamente, afirma-se que, para se alcançar o estado mediúnico, transita-se necessariamente pelo anímico.

Ao lado do adestramento e paralelamente a este, deve o candidato às lides da mediunidade cuidar de seu desenvolvimento moral, renovando-se interiormente e integrando-se ao bem, a fim de que os seus fatores de desajuste sejam superados antes que se convertam em viciações alienantes e caminhos de acesso para as obsessões. Pessoas excessivamente mórbidas, afeitas a queixas, repetitivas e egoístas, quando se engajam na prática mediúnica, têm uma tendência muito grande para o animismo-desajuste, porque seu comportamento já traduz esse estado anímico de tristeza e desencanto, decorrente de afloramento do passado nas experiências que ora vivenciam. Também estão incursas neste capítulo aquelas pessoas que, no passado, conscientemente enganaram e que, agora, inconscientemente o fazem, quando em estado de transe.

O Espírito Camilo, em *Correnteza de luz*, psicografia de Raul Teixeira, alude a outros fatos desencadeadores do animismo, na feição de ruídos na comunicação mediúnica, tais como: encontros e desencontros que sensibilizam o médium, discussões e desentendimentos, festas sociais excitantes, jogos e entretenimentos similares, os quais se constituem fortes desatreladores das rédeas do equilíbrio emocional dos médiuns. Alguns desses obstáculos aparecem como fatos inevitáveis da vida, mas outros surgem como decorrência de uma vivência não necessariamente espírita. Uma mudança salutar de hábitos e um comportamento cada vez maior com os valores da caridade cristã podem impor silêncio a certos condicionamentos renitentes e perturbadores.

Divaldo Franco se utiliza de uma imagem muito simples para ensinar. Ele compara a nossa mente a um vaso sob a forma da letra "U", dividido em três faixas: o superconsciente, o consciente e o inconsciente. As ideias chegam pelo superconsciente como inspiração, conscientizam-se no cotidiano e são arquivadas. A inspiração mediúnica faz o mesmo percurso: primeiro sentimos, depois conscientizamos, para, em seguida, vesti-la de palavras. Nesse périplo, essa inspiração passará pelo depósito do inconsciente, onde estão sedimentadas nossas ideias, nossos hábitos, e assimilará aquelas tintas, saindo com o colorido de nossa personalidade. Alimentando-se este vaso em "U" com água poluída e lama, como temos feito, essas sujidades sedimentam-se no fundo, adulterando tudo quanto por ali passa.

Quando mudamos a orientação de nossos pensamentos e passamos a alimentá-los com água limpa, de início a água entrará clara, mas sairá com a turvação do material ali depositado. Se continuarmos, porém, alimentando aquele vaso com água limpa, esta limpará o depósito e acabará saindo cristalina e pura como entrou.

Espera-se que os médiuns atuantes compreendam sem demora este processo de transitar do anímico para o mediúnico, desemperrando as engrenagens medianímicas pelo exercício disciplinado e constante, e desobstruindo os canais por onde fluem as ideias através do trabalho no bem, absorção de conhecimentos e cultura, oração e meditação continuadas. Que se avaliem a cada passo, que aprendam a se conhecer, que se envolvam quanto puderem nesta torrente de ideias transformadoras que avança sem cessar até iluminar totalmente o mundo.

Um bom parâmetro para medir o progresso no exercício mediúnico é o grau de facilidade com que o médium expressa suas comunicações. A mensagem emperrada, que não flui com facilidade, demonstra desarmonia nas engrenagens de recepção ou de transmissão, a requererem manutenção e limpeza.

Para os dirigentes, a tarefa de acompanhar o desempenho dos médiuns e compreendê-los requer apurado tato psicológico, um razoável conhecimento da natureza humana e particularmente de cada indivíduo com quem atua. E esse conhecimento só é possível quando o grupo convive, quando, de algum modo, se associam os seus membros para a tarefa do bem. Somente assim se alcança o que Kardec chamou de familiaridade, uma das condições evocadas por ele como indispensável ao sucesso do trabalho mediúnico.

Em geral, podemos dizer que o animismo como sombra da mediunidade é sempre aquele pano de fundo que determina certas fixações mentais a transparecerem nas comunicações; é o que produz a mediunidade repetitiva, o maneirismo extravagante, a gesticulação exagerada...

A questão do animismo na mediunidade não é, todavia, obstáculo insuperável. É simplesmente um processo a ser vivenciado e ultrapassado, nem antes nem depois do tempo. Não é de responsabilidade exclusiva dos médiuns ostensivos, mas de toda a equipe, que se deve ajustar no ministério abraçado sob a égide da fraternidade. O problema se dilui na cooperação e desaparece quando a tarefa é encetada com otimismo e alegria, realçando a boa vontade de quantos aspiram por compreender servindo.

Este livro foi impresso na
LIS GRÁFICA E EDITORA LTDA.
Rua Felício Antônio Alves, 370 – Bonsucesso
CEP 07175-450 – Guarulhos – SP
Fone: (11) 3382-0777 – Fax: (11) 3382-0778
lisgrafica@lisgrafica.com.br – www.lisgrafica.com.br